DESCRIPTIONS
DES ARTS
ET MÉTIERS.

DESCRIPTIONS
DES ARTS
ET MÉTIERS,

FAITES OU APPROUVÉES

PAR MESSIEURS

DE L'ACADÉMIE ROYALE
DES SCIENCES.

AVEC FIGURES EN TAILLE-DOUCE.

A PARIS,

Chez { SAILLANT & NYON, rue S. Jean de Beauvais;
DESAINT, rue du Foin Saint Jacques.

M. DCC. LXI.

Avec Approbation & Privilége du Roi.

ART
DU
PAUMIER-RAQUETIER,
ET DE LA PAUME.

Par M. DE GARSAULT.

M. DCC. LXVII.

AVANT-PROPOS.

LA PAUME est le seul Jeu qui puisse prendre rang dans le détail des Arts & Métiers, dont la description a été entreprise par l'Académie Royale des Sciences, attendu qu'étant lui-même un Art, il s'exécute par le secours d'un autre Art qui a ses instruments & sa manufacture particuliere. Celui-ci est la fabrique des Raquettes & des Balles. Il fut érigé en Corps de Maîtrise en 1610. sous le titre de la *Communauté des Maîtres Paumiers-Raquetiers, Faiseurs d'Eteufs, Pelotes & Balles* *. Ces Maîtres ont seuls le droit de tenir un Jeu de Paume, & de construire les raquettes & balles qui servent à ce Jeu, ou au Jeu du Volant. Après avoir indiqué le lieu du Jeu, & décrit la fabrique de la Raquette & celle de la Balle, qui constitue tout l'Art du Maître Paumier, il paroîtroit que l'objet de l'Académie est entiérement rempli; aussi l'est-il à l'égard du méchanisme, dont le but est de servir à l'Art du Jeu même.

Tous les exercices du corps assujétis à des régles constantes, ont acquis à juste titre le nom d'*Arts* par excellence ; l'ame n'a besoin pour les exécuter, que des seuls ressorts du corps, aidés de quelques instruments ; tels sont l'Art de monter à cheval, de tirer des armes, &c. Ainsi ne regardons plus la Paume relativement à son nom de *jeu*, ni comme un simple passe-temps sans aucune utilité, mais comme un Art qui aidé de peu d'instruments, devient un exercice très-salutaire, au moyen duquel la Jeunesse peut acquérir une santé robuste & une agilité si nécessaire dans le cours de la vie: aussi cet exercice est-il en telle considération, qu'il se bâtit des édifices exprès, comme il s'en construit d'autres pour apprendre l'Art de monter à cheval. Le Roi a un Jeu de Paume dans chacune de ses Maisons Royales, à Versailles, à Fontainebleau, à S. Germain, à Compiegne; M. le Duc d'Orléans en a un à Villers-cotterets; & M. le Prince de Condé, un à Chantilly.

On peut comparer l'Art de la Paume pour l'Infanterie à celui du cheval pour la Cavalerie; & l'Officier & le Soldat qui l'auroit pratiqué, se trouveroit bien supérieur à celui qui ne sçait que son exercice ordinaire, & même celui des Armes: car le premier ne débourre que les bras,

* Les *Eteufs* se poussent avec la main ; ils sont faits de bourre recouverte de peau de mouton. Les *Pelotes* sont les balles toutes ficelées, non encore recouvertes. Les *Balles* sont la pelote recouverte de drap blanc.

& le ſecond ne dirige le corps que dans un ſens ; au lieu que les inflexions, les élans & les courſes qu'on eſt obligé de faire à ce Jeu, le rendent également ſouple, & le rompent, pour ainſi dire, de toutes les façons.

On croit avoir ſuffiſamment démontré, 1°. que la Paume eſt un Art, quoiqu'il porte le nom de *jeu* ; c'eſt pourquoi nous allons embraſſer tout ce qui le conſtitue, en donnant d'abord le plan & les meilleures proportions des bâtimens conſtruits exprès, enſuite l'Art du Paumier-Raquetier, & enfin l'Art de la Paume : 2°. que cet exercice, par la ſoupleſſe qu'il procure, met l'homme en état de ſe ſervir avec avantage de tous les reſſorts de ſon corps : on verra à la fin de cet Ecrit un acte authentique qui démontre de quelle utilité il eſt à la ſanté.

ART

ART
DU
PAUMIER-RAQUETIER,
ET DE LA PAUME.

DU BATIMENT NOMME
JEU DE PAUME.

IL ſe conſtruit deux ſortes de Jeux de Paume : l'un qu'on nomme *le Quarré ;* l'autre *à Dedans* : leurs proportions ont quelques différences : on va donner celles du Quarré, tant des gros murs que des conſtructions intérieures ; & enſuite celles du Jeu à Dedans, ou plutôt les différences qui s'y obſervent.

Le Quarré.

Planche I.

Cage du Bâtiment.

TOUT Jeu de Paume eſt un quarré long, fermé par quatre murailles : deux murs pleins en forment les côtés ſur ſa longueur, & un pignon à chaque bout la largeur. Le terrein que cette cage doit enfermer, aura 96 pieds en long & 36 pieds en largeur, afin que lorſque toutes les conſtructions intérieures ſeront faites, l'aire du Jeu ſe trouve avoir 90 pieds de long & 30 pieds de large. Les deux murs des côtés auront 14 à 15 pieds d'élévation ; mais à leur extrémité qui joint les pignons, on les fera de 4 à 5 pieds plus hauts dans la longueur de 6 ou 7 pieds, après leſquels on les terminera en pente ſur leur épaiſſeur, ces quatre ſurhauſſemens ſe nomment *les joues d'en-haut*, *a a a a* : ſur ces murs de côté on poſera 7 poteaux de charpente, qu'on eſpacera à égale diſtance l'un de l'autre *b b b*, &c. ces poteaux auront 14 pieds de haut, & ſoutiendront le grand toît : c'eſt par les intervalles qui ſe trouvent entre ces poteaux, que le jour ſe répand dans le Jeu ; c'eſt pourquoi cet Edifice doit être aſſez éloigné des maiſons ou des grands arbres, pour n'en être point offuſqué & avoir une clarté suffisante : voilà ce qu'on peut appeller *la carcasse* de l'édifice. Passons maintenant aux constructions intérieures.

A 5 pieds en-dedans d'un des murs de côté, on construit parallélement à ce mur d'un bout à l'autre, un petit mur qu'on éleve à différentes hauteurs, c'est-à-dire, que par les deux bouts il aura 7 pieds de haut ; à gauche, sur la longueur de 18 pieds, & à droite sur celle de 13 pieds le reste du mur aura 3 pieds 4 pouces de haut. Or, comme les deux bouts de ce mur élevés à sept pieds, doivent recevoir une filiere qui regne à cette hauteur d'un bout à l'autre, on asseoit sur le mur bas, pour la supporter, sept poteaux de bois légers, ronds, taillés en petites colonnes, avec base & chapiteau ; sçavoir, deux à 10 pieds de chaque bout de mur de 7 pieds de haut, deux autres à 10 pieds de ceux-ci, au bord de deux ouvertures de 2 pieds & demi, pour entrer dans le Jeu, un autre poteau à l'autre bord de chacune de ces ouvertures, & enfin un seul qui se trouve à 10 pieds de ces derniers, regarder précisément le milieu de l'aire du Jeu : tous ces poteaux sont marqués *ggg*, &c. & celui du milieu *f*, les deux murs de chaque bout sont cottés *dd*, & se nomment *les Joues*.

La Galerie.

Sur la filiere, dont nous venons de parler, est posé le bas d'un appentis incliné de 45 degrés dont le haut s'appuye sur le mur de côté ; le tout forme un corridor long qu'on nomme *la Galerie*. En retour d'équerre du corridor nommé *galerie*, qu'on vient de décrire, cotté *ccc*, & à cinq pieds du pignon à gauche en-dedans, il se construit un autre petit mur plein de 7 pieds de haut *h*, qui se termine par une ouverture quarrée *l*, dont le mur de clôture fait un des côtés ; elle est élevée de terre de 3 pieds 4 pouces, sa largeur est de 2 pieds 9 pouces ; ce petit mur soutient un appentis pareil au premier, & ils se joignent tous deux par leur angle : cette jonction est marquée par une ligne ponctuée.

La Grille.

Le Trou.

Au pignon de l'autre bout du Jeu, vis-à-vis l'ouverture dont on vient de parler, est à raze-terre une autre ouverture quarrée *l*, de 16 pouces en tout sens, pratiquée dans l'épaisseur du mur & au même pignon : à l'endroit où se termine la galerie, est attachée debout une planche *m*, d'un pied de large & de six pieds de haut, derriere laquelle est pratiqué un vuide qui fait que ne touchant point au mur, elle fait entendre, quand elle est frappée, un son différent de celui de la muraille.

L'Ais.

Les Carreaux.

Tout l'aire du Jeu sera carrelé quarrément de carreaux de pierre de Caën, d'un pied en quarré, ce qui fera 90 rangées de carreaux, & le plat-fond au niveau du haut des grands poteaux, dont on a parlé d'abord, sera de planches de sapin.

Planche II. Vignette.
La Corde.

Le poteau du milieu marqué *f* de la galerie, dont nous avons parlé ci-dessus, sera percé à 5 pieds de terre d'un trou, dans lequel doit passer une corde moyenne, de laquelle pendra jusqu'à terre, un filet : cette corde traverse toute la largeur du Jeu, le sépare en deux parties égales, & est arrêtée à même hauteur de cinq pieds, à un crampon scellé dans le gros mur; & afin de pouvoir la tendre plus ou moins, on attache un cric au petit mur, au-dessous du poteau, & on y fait tenir le bout de la corde: on recouvre cette corde, pour plus de propreté, d'un tissu de ficelle: cette corde & son filet baissent petit-à-petit dans le trajet par leur pesanteur, de façon qu'elle n'a gueres que deux pieds & demi d'élévation au milieu de la place; mais le cric l'éleve plus ou moins, suivant l'idée des Joueurs. *Voyez pour* le cric *la Vignette de la Pl. III. A*, & pour la pente de la corde celle de la *Pl. II. B.*

Le Dedans.

Le Jeu à Dedans doit être dans toutes ses proportions intérieures égal au Jeu Quarré décrit ci-dessus; mais il sera borné à l'autre pignon par un troisieme appentis, fait sur les mêmes proportions des deux autres: c'est cet appentis de plus qui fait la différence essentielle de ce Jeu au Jeu quarré; d'ailleurs il n'a ni trou, ni planche; il a un tambour. Tout ceci va être expliqué.

Comme rien ne doit être pris ni enjambé sur l'intérieur du Jeu, & que ce troisieme appentis doit avoir autant de profondeur que les deux autres, il est nécessaire que le mur de ce pignon soit reculé de cinq pieds; ainsi la cage du Jeu à Dedans sera plus allongée que celle du Quarré; d'ailleurs cet appentis n'est soutenu qu'aux deux bouts par deux portions de mur plein de sept pieds de haut: celui qui joint la joue de la galerie *A*, aura 4 pieds & demi de long, Les Dedans. & celui de l'autre bout *D*, 3 pieds & demi: l'intervalle entre ces deux bouts est fermé par un mur d'appui de 3 pieds 4 pouces de haut, ce qui donne un vuide *B* de 22 pieds de long sur 3 pieds 8 pouces en hauteur: ce corridor tient la place du trou & de la planche, dont on a parlé dans la construction du Jeu quarré, & se nomme *les Dedans.*

Lorsque l'on bâtit un Jeu de Paume destiné à être à Dedans, on donne au gros mur du côté de la grille, 16 pouces d'épaisseur de plus qu'il n'en doit avoir par la suite; on continue cette épaisseur du haut en bas depuis le pignon jusqu'à 18 pieds en avant, on la termine en-dedans par un pan coupé qui doit avoir 26 pouces de surface; on continue ensuite le reste du mur suivant son épaisseur générale: c'est ce pan coupé que les Joueurs appellent *le Tambour E.* Le Tambour.

Termes du Jeu appliqués aux piéces que l'on vient de décrire.

On appelle tout l'espace à gauche depuis la corde jusqu'à l'appentis de retour, * *devers le Jeu*, & depuis la corde à droite, ⚹ *le fond du Jeu.*

La premiere piéce dans laquelle on se trouve en entrant dans un Jeu de Paume, & que j'ai dit être un corridor *c c c*, se nomme *la Galerie*, les intervalles entre les poteaux de la galerie se nomment *les Ouverts*, & chacun a son nom particulier ; les noms ſont les mêmes à droite & à gauche de la corde : le plus près de la corde ſe nomme *le premier v v*, celui d'enſuite *le ſecond, yy*, puis *la porte, z z*, & enfin *le dernier, x x* : on ne diſtingue la gauche ou la droite qu'en diſant, par exemple, le dernier *devers le Jeu*, le ſecond *au fond du Jeu*, &c. L'appentis qui couvre la galerie ſe nomme *le toît*, & les deux bouts de mur de la galerie *les joues, d d*; l'appentis en retour d'équerre ſe nomme *le toît de la grille, h*, parce que l'ouverture qui eſt à l'extrémité ſe nomme *la grille, i*. Le trou qui eſt vis-à-vis de la grille au fond du Jeu, ſe nomme *le petit trou, l*, & la planche de l'autre côté ſe nomme *l'ais, m*.

Aux Jeux à Dedans, les murs pleins qui ſoutiennent le troiſieme toît, ayant des longueurs différentes, celui qui eſt marqué *A*, s'appelle *le mur du petit dedans*, parce qu'ayant un pied de plus que l'autre, le vuide n'eſt pas ſi étendu de ce côté que de l'autre, qui par cette raiſon ſe nomme *le mur du grand dedans, D* : tout le vuide *B* ſe nomme *les dedans*.

On a dit à l'article précédent ce que c'eſt que *le tambour*.

De la diſtribution des Filets & Rideaux ; de la Couleur noire des Jeux de Paume, & des raies noires tracées ſur le plancher.

Ce que l'on va dire en commençant cet article, dépend encore de la conſtruction du Jeu de Paume ; c'eſt les corridors extérieurs *n n n n*, conſtruits totalement en bois, qui regnent à hauteur d'appui du haut des murs des côtés : on les fait de trois pieds de large ; de leur appui extérieur s'élévent de légers poteaux *q q q q*; &c. eſpacés de façon qu'ils ſe trouvent vis-à-vis les grands poteaux de clôture, & ſous la couverture prolongée : ces corridors ſe nomment *les auges* ou *les galeries des filets*, parce qu'on bouche toute leur étendue avec des filets, qui du toît vont s'arrêter à leur appui extérieur ; leur deſtination eſt d'arrêter les balles qui donnent dedans, de peur qu'elles ne ſe perdent : on attache auſſi de poteau en poteau des rideaux de toile, qu'on tire quand il fait ſoleil, pour en empêcher la réverbération dans le Jeu.

Les Auges.

Les Rideaux.

Planche II. B. Vignette. Les Filets.

On a parlé du filet attaché à la corde qui partage le Jeu en deux. Les autres filets ſont ceux qui bouchent toute la galerie & les dedans : ceux-ci ſont de nouvelle création, ce n'eſt que depuis quelques années qu'on s'en eſt aviſé, pour mettre en pleine ſûreté les ſpectateurs, qui précédemment n'oſoient s'arrêter dans la galerie, de peur de recevoir des coups de balles, dont quelques-uns ont été dangereuſement bleſſés ; au lieu que maintenant dans les Jeux à Dedans on voit jouer à ſon aiſe, & les Dames peuvent s'y placer ſans courir aucun riſque.

Planche III. B. Vignette.

Un autre filet eſt celui qu'on nomme *le rabat* : on ne place celui-ci qu'au-deſſus des toîts des pignons, tels que celui de la grille & celui des dedans : pour aſſeoir ce filet, on ſcelle quelques tringles de fer à 10 ou 11 pieds au-

deſſus

dessus du toît, de distance en distance dans le pignon : ces tringles ont 3 ou 4 pieds de saillie ; on y étend & arrête le filet ; il a deux usages : l'un, de rabattre dans le Jeu la balle, qui bondissant sur le toît va frapper dessous ; l'autre est de retenir celle qui jouée trop haut va tomber dessus ; on garnit ordinairement de nattes tout le pignon au-dessus du rabat, pour amortir le coup de la balle, afin qu'elle ne retombe pas dans le Jeu.

Tout l'intérieur de quelque Jeu de Paume que ce soit, est peint en noir : les Maîtres Paumiers composent eux-mêmes ce noir : en voici la recette pour un Jeu de Paume ordinaire.

Prenez un demi-muid de sang de bœuf, 14 boisseaux de noir de fumée, 10 amers de bœuf pour délayer le noir de fumée, & un seau d'urine pour donner le lustre à la composition ; mêlez le tout à froid. *La Peinture noire.*

Quand le Jeu est bien fréquenté, on renouvelle le noir deux fois l'an : on laisse le plancher & le plat-fond dans leur couleur naturelle : on sent bien que ce noir est mis afin que les Joueurs puissent distinguer la balle qui est blanche, & la suivre de l'œil.

On enduit aussi de noir les murs extérieurs de la maison autour de la porte d'entrée ; cette couleur sert d'enseigne au Jeu.

En Espagne, les Jeux de Paume sont blancs, & les balles noires.

Outre ce noir général qui enduit toutes les murailles, poteaux, &c. on en emploie encore pour tirer sur le plancher plusieurs raies tant en long qu'en large, toutes ont deux pouces de large ; les raies en long ne sont qu'au nombre de deux ; sçavoir, une *ooo*, qui partage l'aire du Jeu en deux dans sa longueur d'un bout à l'autre, & une de 13 pieds, ou environ, devers la grille *p*, distante de sept pieds du mur de côté ; toutes les autres se tirent en large, & ne servent qu'à connoître les chasses ; on ne peut expliquer ceci que lorsqu'on fera la description du Jeu, à laquelle on renvoie. *Les Raies noires.*

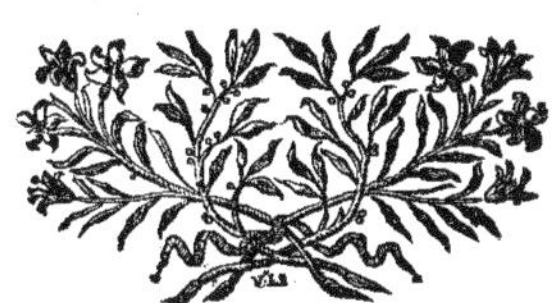

DE L'ART
DU PAUMIER-RAQUETIER.

Les Raquettes & les Balles sont les véritables instruments du Jeu. On a d'abord joué avec la paume de la main, d'où est venu le nom de *Paume*, qu'on donne encore à cet exercice ; on se renvoyoit ainsi les pelotes. * En 1427. arriva à Paris une jeune femme de Haynaut, âgée de 28 ans, nommée *Margot*, qui jouoit supérieurement à cette paume, surpassant les plus habiles : elle avoit choisi un Tripot, rue Grenier S. Lazare, qu'on nommoit *le petit Temple*, & là elle tenoit tête aux plus forts Joueurs : on alloit la voir par curiosité, comme chose extrêmement rare. On jouoit alors à main découverte : quelques-uns pour se faire moins de mal, mettoient de gros gants ; ceux-ci imaginerent d'ajuster à ces gants des cordes & des tendons, qui par leur élasticité renvoyoient la pelote bien plus haut & plus loin : c'étoit un acheminement à l'invention de la Raquette, qui enfin a été trouvée & a prévalu. Effectivement elle est si essentielle à ce jeu, qu'il n'arrive que rarement, ou par fantaisie, qu'on se serve des *instruments* : c'est ainsi qu'on nomme en général ces palettes de bois, ou plus larges, ou plus étroites, dont on va donner les noms & les dimensions. Les Paumiers ne prennent pas la peine de faire ces instruments; ils les achetent des gens de campagne qui les leur apportent.

Proportions des Raquettes & des Instruments.

Les Paumiers fabriquent de deux ou trois sortes de Raquettes ; la Raquette ordinaire pour la Paume, la demi-Paume, la Raquette en battoir.

Planche V. & A. Pl. III. La raquette ordinaire, *fig. A*, a la tête de 8 pouces de long, de 5 pouces de large vers son milieu ; le manche, y compris son étançon, 15 pouces de long; le bois de toute la raquette a un demi-pouce d'épais sur un pouce.

La demi-paume n'est autre chose qu'une raquette, dont le bois est moins épais, ce qui la rend plus légere.

La raquette en battoir est une raquette toute droite, imitant le battoir, & plus étroite que la raquette ordinaire.

Les instruments sont entiérement de bois de saule, collés, nervés, recouverts de parchemin : ils sont au nombre de quatre ; le Battoir, le demi-Battoir, le Triquet, le demi-Triquet.

Le battoir *B*, est composé de trois piéces qui forment sa tête ; celle du mi-

* Recherches de Pasquier.

lieu prolongée fait le manche : la tête a 8 pouces de long, 5 pouces de large ; le manche a un pied de long.

Le demi-battoir *C* eſt de trois piéces arrangées comme au battoir ; la tête a 9 pouces de long, 4 pouces de large ; le manche a 13 pouces & demi de long.

Le triquet *D* n'eſt que d'une piéce ; il a 8 pouces & demi de tête, laquelle a 2 pouces trois quarts de large ; le manche a 14 pouces de long.

Le demi-triquet *E* n'eſt auſſi que d'une piéce ; ſa tête n'a que 2 pouces & demi de large, le reſte des proportions comme au triquet.

Les meilleurs de tous ces inſtrumens de bois ſe font à Liancourt, près de Clermont en Baſſigny.

De la Raquette & de ſa conſtruction.

Les matériaux qui entrent dans la conſtruction de la Raquette, ſont les ſuivans.

Le bois de frêne.
Le bois de tilleul, ou autres bois blancs.
La corde ou ficelle de boyau.
Les nerfs de la jambe de derriere du bœuf, réduits en filaſſe.
Le parchemin.
La colle-forte.
La bazane blanche.
La ſciure de bois de chêne tamiſée.

Inſtruments & Outils.

Planche II.

Le chevalet *A*.
La chaudiere *B*.
Le chevalet à étançon *F*.
Le moule à raquettes C.
La poitriniere de liége *D*.
Le billot G.
L'enclume & cizeau I.
La preſſe K.
Le banc à percer *L*.
La poitriniere de buis H.

Planche III.

Les cabillets de fer & de bois *I*, *i*.
La chevrette *L*, & ſes coins *M*.
Les trois compas *N*, *N*, *N*.
Le vilbrequin avec l'égravoir G.
Le vilbrequin avec la mêche *H*.
La gouge *Q*.
Les clous à raquette *K*, *K*.
Le poinçon ſimple *r*, double *R*.
Les grattoirs *P*.
Les brides de fil de fer *T*.
Les billards *S*.

Planche V.

La liſſette, *fig.* D.
Un gros étau de bois à mâchoire ferrée, pareil à celui des Ebéniſtes.

A, Planche V.

Le four à colorer. *Voyez la Vignette.*
Les rapes à bois.
Le truſſequin,
La peau de chien.

Le Travail de la Raquette.

Former la Raquette.

Le frêne, en latin *fraxinus excelsior*, est le seul bois avec lequel on puisse faire de bonnes raquettes : les billes du tronc de cet arbre qu'on y destine, doivent être les premieres coupes sur la racine de frênes âgés de dix ans, & avoir cinq pieds de long : celles d'au-dessus de cette premiere coupe n'y valent rien ; elles sont cassantes. On les refend en échalas, qu'on met en bottes pour les vendre ; mais parmi les Maîtres, ceux qui s'adonnent aux raquettes, font toujours mieux de choisir la bille entiere & bien saine, de la refendre eux-mêmes avec lecoutre de bucheron, de bucher les échalas avec la hachette, pour ensuite les planer sur leur chevalet : c'est à cette derniere façon que commence le métier.

Le bois de tilleul, ou autre bois blanc, ne sert que pour l'étançon dont on parlera bientôt.

Planche II. le Chevalet *A*. Quand l'échalas est taillé grossiérement, comme il vient d'être dit, il s'agit de le rendre égal d'un bout à l'autre : pour cet effet, le Paumier s'asseoit sur le banc du chevalet *A*, & poussant en avant avec son pied la piéce mobile, il en amene la tête contre la planchette : cette tête garnie en-dessous de quelques pointes, serre l'échalas, & l'empêche de glisser ; alors il le plane successivement & quarrément d'un bout à l'autre, à l'épaisseur d'un pouce sur un demi-pouce.

Les échalas étant planés, on prend le milieu de chacun, que l'on marque d'un trait de crayon rouge; on prend ensuite le milieu de chaque moitié qu'on marque de même ; ces traits divisent l'échalas en quatre parties égales : on porte ces échalas ainsi marqués à la chaudiere qu'on remplit d'eau.

la Chaudiere *B*. La chaudiere est de cuivre rouge, de forme quarrée ; elle a cinq pieds de long, neuf pouces de large & un pied de profondeur, posée sur ses pieds dans une cheminée ; on met une pierre par-dessus les échalas, de peur qu'ils ne surnagent, & on les laisse tremper ainsi à froid pendant plusieurs jours.

Lorsqu'on veut commencer le travail de la raquette, on fait grand feu sous la chaudiere, pour faire bouillir les échalas pendant une bonne heure, & lorsqu'on les juge suffisamment pénétrés & amollis, on les prend l'un après l'autre pour les façonner.

Le Moule à Raquettes *C*. On porte d'abord l'échalas tout chaud sur le moule à raquettes. Le moule à raquettes est un morceau de planche de chêne, épais d'un pouce & demi, taillé en tête de raquette assez grossiérement, posé sur un établi, auquel il est fermement attaché par une grosse vis de fer à tête platte & quarrée, qui le traverse ainsi que l'établi, & se serre en-dessous avec un écrou : ce moule est accompagné de trois grosses chevilles de bois rondes, qu'on fait entrer & sortir

ſortir le bas, comme ſi c'étoit des bouchons, dans autant de trous faits à l'établi; la premiere, *a*, entre environ à un demi-pouce du haut du moule; les deux autres, *b*, *c*, ſont placées à un bon pouce du bas du moule. Vis-à-vis de l'intervalle qui eſt entre ces deux dernieres chevilles: à trois ou quatre pouces en avant, eſt une cheville de fer debout, *d*.

On commence par lever la premiere cheville *a*, on applique le milieu de l'échalas marqué de crayon rouge ſur ſon côté large, contre le milieu du haut de la tête du moule: on renfonce tout de ſuite la cheville, qui le ſerrant contre le moule, l'empêche de ſe déranger: alors on le ploie le long des côtés du moule, & on examine ſi les deux autres traces de crayon rouge ſe rencontrent au bas du moule, vis-à-vis l'une de l'autre: cela étant, on leve chaque cheville, *b*, *c*, l'une après l'autre; & quand chaque côté a été amené en-dedans, on les renfonce, ce qui contraint les parties baſſes de l'échalas de s'appuyer contre la cheville de fer, *d*; les chevilles remiſes en leur place, ſerrent & rapprochent l'une de l'autre les deux portions qui doivent devenir par la ſuite le manche de la raquette; on entoure cet étranglement entre les chevilles & le bas du moule, avec pluſieurs tours de ficelle que l'on ſerre bien: alors la raquette eſt moulée: le haut, *a*, ſe nomme la *tête*; les deux côtés, *b*, *b*, *les jambes*; le bas à l'endroit ficelé, *c*, *le collet*; & les bouts reſtans, *d*, *d*, *le manche*.

Pl. IV. fig. 1. Noms des parties de la Raquette.

Une des piéces les plus néceſſaires aux Raquetiers lorſqu'ils travaillent la raquette, eſt ce qu'ils nomment *la poitriniere de liége*, parce que, ſoit qu'ils ſoient debout ou aſſis, ils ont très-ſouvent quelque partie de la raquette appuyée contre l'eſtomac: cette poitriniere eſt une petite planche d'environ ſix pouces en quarré, ſur laquelle eſt collé un morceau de liége de la même étendue; on y attache des courroies qui ſe bouclent ſur les reins.

Planche II. La Poitriniere de liege *D*.

Auſſi-tôt donc que la ligature eſt faite, l'échalas étant encore chaud, on l'enleve de deſſus le moule, & on porte ſans tarder cette raquette ébauchée au banc à dreſſer, *E*; & là à force de peſées, & en la contraignant de différentes manieres entre les fers, le marteau, les crochets & crampons, dont le banc eſt garni, on la dreſſe, c'eſt-à-dire, on parvient à lui donner le biais qu'il faut que la tête ait pour être bien à main, telle qu'on la voit, *Pl. V.* On conçoit bien qu'il eſt impoſſible de décrire tous les mouvements & les coups de lévier que l'Ouvrier exécute dans cette occaſion; c'eſt une affaire de pratique.

Le Banc à dreſſer *E*.

Après que la raquette eſt à ſon point, & de peur qu'en refroidiſſant les jambes ne ſe rapprochent, ſur-tout vers le collet, on les maintient dans leur écartement par le moyen de deux régles, l'une de fer, l'autre de bois, qu'on fait entrer vers le bas des jambes, on les nomme *des Cabillets*, *Pl. III. i*, *I*. On poſe d'abord celui de fer, *i*, & au-deſſus celui de bois, *I*, qui eſt un peu plus long: on laiſſe en cet état la raquette ſe refroidir.

Planche III. Les Cabillets de fer & de bois, *i*, *I*. & *Planche IV. fig.* 1. 8, *f*.

Planche III. L'Etançon O.

Tout manche de raquette eſt garni de ſon étançon ; ce qu'on appelle *étançon* eſt une tringle platte de bois de tilleul, ou de quelque autre bois blanc : on la plane d'un pouce ſur un ſens, & d'un demi-pouce de l'autre ; mais comme un des bouts doit être évaſé en éventail, l'Ouvrier ſe ſert d'une eſpece de chevalet fait exprès, au moyen duquel en poſant & ſerrant ſa tringle dans les entailles & taſſaux, il la travaille ſur tout ſens pour la figurer comme il vient d'être dit : cet étançon ſe poſe entre les deux bouts de la raquette deſtinés à en faire le manche, & il en remplit le collet ; on lui donne ordinairement quinze pouces de long.

Planche II. Le Chevalet à étançon F.

Pour continuer le travail de la raquette qu'on a laiſſé refroidir, on la reprend dans l'état où on l'a quittée, c'eſt-à-dire, ficelée au collet & appuyée en-dedans par les deux cabillets ; on la porte au billot, vis-à-vis duquel on s'aſſeoit : le *billot* eſt une eſpece d'établi quarré, bas & maſſif, dont la table a ſix pouces d'épais, les quatre pieds à l'avenant ſont ſolidement arrêtés au plancher avec des pattes, & même à la muraille quand on le peut : il eſt garni ſur ſa table de pluſieurs crochets & crampons ; & ſur ſon épaiſſeur, de pluſieurs enfoncements en rond & en long ; le tout pour aſſeoir ſolidement la raquette en la travaillant : le crampon le plus proche du bord ſert à retenir ce qui ſe nomme *la cheville*, *g* ; elle eſt de bois : le Raquetier fait lui-même ſes chevilles de différentes formes, ſuivant qu'elles lui conviennent ; elles ſervent à appuyer la raquette ; tout cet appareil ſert à en planer le contour. L'Ouvrier étant donc aſſis vis-à-vis du billot & armé de ſa poitriniere, appuie ſa raquette contre l'entaille de la cheville, tantôt par la tête, puis par le manche, &c. & la plane en l'air, abattant & adouciſſant les vives arrêtes extérieures dans tout le pourtour ; il en redreſſe auſſi les portions qui auroient pris un peu de cambre en refroidiſſant ; les crochets & crampons lui aident à forcer un peu à droite ou à gauche : enfin, il la tourmente juſqu'à ce qu'elle ſoit devenue également à plat d'un bout à l'autre : le contour de la tête en-dedans ne ſe plane pas, on ſe ſert d'un gros étau de bois à mâchoires ferrées, ſemblable à celui des Ebéniſtes, dans lequel on arrête la raquette, & on l'arrondit avec une rape à bois.

Le Billot G.

la Cheville g.

l'Etau de bois.

Tout cela étant fait, l'Ouvrier met l'étançon en place, c'eſt-à-dire, qu'il le fait entrer entre les deux côtes du manche, & l'ajuſte avec la rape, de maniere qu'il joigne par-tout, & qu'il rempliſſe exactement le collet de la raquette ; alors il s'arme de la poitriniere de buis : cette ſeconde poitriniere eſt compoſée d'une petite planche quarrée avec ſa ceinture, ſemblable à celle de liége ci-deſſus ; mais au lieu de liége eſt cloué un morceau de buis rond & élevé en forme de mammelle, au centre de laquelle eſt un petit creux fait pour recevoir le bout d'un vilbrequin, à l'autre bout duquel il place d'abord l'*égravoir*, outil de fer terminé par une pointe qui s'éleve entre deux coupants,

la Poitriniere de buis H.

Planche III. l'Egravoir G.

ressemblant en petit à un pareil instrument dont les Tonneliers se servent pour percer les tonneaux, qu'ils appellent un *perçoir* : il remet & serre la ficelle au collet, puis appuyant la raquette contre le billot, il commence avec cet outil qu'il pointe au-dessous de la ficelle, un trou qui doit recevoir en cet endroit la tête d'un clou à raquette *p* ; puis substituant une mêche de fer à ce premier outil, il acheve de percer d'outre en outre : le clou qu'il enfonce ensuite, doit avoir un pouce & demi de long ; mais avant de l'enfoncer, il prend la gouge, avec laquelle il fait une raînure au-dessous, & qui communique au trou, par lequel la queue du clou doit sortir ; cette raînure sert à la loger, de peur qu'elle ne dépasse : le clou étant entré, & sa tête noyée dans le trou de l'égravoir, il porte la raquette sur l'enclume *I* ; cette enclume est attachée debout au milieu d'un billot rond, & n'est autre chose qu'une pointe de fer assez grosse & haute de trois à quatre pouces, à quelque distance de laquelle est une lame de fer *i*, aussi debout, large de deux pouces, haute de deux à trois pouces, de trois lignes d'épais, terminée quarrément par un double bizau, nommée *le cizeau* : ce cizeau ne lui sert que pour casser le bout de la queue du clou, quand il la juge trop longue : il recourbe sur l'enclume cette queue, pour la faire entrer & la river dans sa raînure, de façon qu'elle y soit perdue ; ensuite il fait couler la ficelle le long du manche jusqu'au bas, où il la resserre, & il enfonce de la même maniere de distance en distance le long du manche, deux autres clous en sens contraire du premier ; ceux-ci ne doivent avoir qu'un pouce de long ; il ôte la ficelle comme inutile, & le manche a sa derniere façon ; il remet les cabillets en place, pour entretenir toujours l'évasement des jambes vers le collet.

Pl. IV. fig. 4. p. *Planche III.* La Mêche *H.* Clou à raquette *K.*

Planche II. l'Enclume & le Cizeau, *I, i.*

Planche IV. fig. 4. q q.

Une raquette pour être bien faite, doit être applatie sur le haut de la tête & le long des jambes ; il s'agit maintenant de lui donner ce pli en repoussant ces parties pour les redresser ; on en vient à bout en se servant de la chevrette avec ses coins & de la presse.

La *chevrette L*, est un instrument de fer, composé à un de ses bouts d'une espece de crampon large, fait de façon à pouvoir embrasser le collet de la raquette ; le reste est une tringle de fer quarrée, terminée par un crochet ; tout l'instrument a onze pouces de long : on le place d'abord au collet, & sa tringle qui se couche le long du milieu de la tête de la raquette, la dépasse d'environ trois pouces ; c'est dans cet intervalle qu'on chasse deux coins de bois à l'opposite l'un de l'autre, & qu'on les serre à coups de marteau, entre le crochet du bout de la chevrette & le dessus de la tête de la raquette, que cette pression contraint à rentrer ; mais comme cette force occasionne l'évasement des jambes, on y remédie en même temps par la *presse K*, dans les entailles de laquelle on place la raquette horisontalement ; cet instrument au moyen de sa vis, serre fortement ses jambes, & les redresse ; on laisse quelque temps

Planche III. la Chevrette *L* & ses coins *M.* & *Pl. IV. fig. 2. h h, i i.*

Planche II. La Presse *K.*

Planche III. La Bride T. & Planche IV. Fig. 2. g, g.

en presse la raquette ainsi serrée de toutes parts, & lorsqu'on l'en ôte, on défait la chevrette, & on maintient les jambes par une bride de fil de fer qu'on fait couler par le milieu.

Percer la Raquette.

Percer la Raquette.

Il s'agit maintenant de marquer les places des trous qu'il faudra faire pour y lacer la corde à boyau, qui doit garnir comme un treillage le vuide de la tête de la raquette : ces trous doivent former deux rangs sur tout son pourtour extérieur, & y être espacés de maniere qu'ils ne se trouvent jamais paralleles l'un à l'autre, *m*; mais que chaque trou d'une rangée réponde à l'intervalle entre deux trous de l'autre, & que lorsqu'ils seront percés suivant l'Art, ils ne forment qu'une rangée *n*, au milieu de la surface intérieure du tour de la raquette : voici comme cette opération s'exécute. On commence par alligner de deux traits de trusséquin les deux rangées extérieures, un trait le long de chaque bord ; on prend ensuite une laniere de cuir assez longue, pour qu'elle puisse faire par-dehors le tour de la raquette, observant que ses deux bouts se rencontrent juste vis-à-vis l'un de l'autre au commencement du manche : alors on la ploie en deux, on fait avec le poinçon un trou à cette laniere, à l'endroit du pli, on la rapporte autour de la raquette ; le trou qu'on vient de faire, indiquera juste le milieu du haut de la tête ; on y fera une marque avec le poinçon ; la laniere ôtée, on se servira des trois compas l'un après l'autre.

Pl. IV. fig. 4.

Planche III. les 3 Compas N, N, N.

La forme de ces compas est platte : ce sont de petites planchettes de bois percées en oval dans leur milieu, pour pouvoir y passer les doigts afin de les tenir ; ils ont trois à quatre lignes d'épais : sur l'épaisseur d'un de leurs bords coupé en ligne droite, est un rang de pointes de fer différemment distribuées sur chacun : celui dont on se sert le premier, a dix pointes longues de 3 lignes, distantes de 5 lignes, excepté les deux premieres pointes de l'un des bouts, dont l'intervalle n'est que de deux lignes ; le second a 18 pointes de six lignes de long, espacées également à trois lignes l'une de l'autre ; le troisieme a neuf pointes, dont huit sont espacées comme celles du second, & la neuvieme est à un pouce de son avant-derniere ; elle a six lignes de long, & chacune des autres va en diminuant de longueur petit-à-petit, de sorte que la premiere n'a que 5 lignes de long.

Planche IV. Marquer les Trous.

On commence par appliquer la seconde pointe du premier compas qu'on vient de dire être à deux lignes de la premiere dans la marque précédemment faite au milieu de la tête, & appuyant les autres pointes le long d'une des raînures tracée avec le trusséquin, elles marqueront des points aux endroits où doivent être les trous : on continue avec le second, puis avec le troisieme compas ; on reporte le premier compas au milieu pour marquer l'autre côté : en suivant la même méthode, on marque ensuite l'autre trait de trusséquin de

la même

la même façon, obſervant cependant, comme il vient d'être dit, que ces marques ſe rencontrent vis-à-vis des intervalles entre deux marques de la premiere rangée faite, de cette façon, ∴∴∴. *Voyez Pl. IV. fig.* 4.

Les places de tous les trous étant indiquées, l'Ouvrier s'aſſeoit, jambe deçà jambe delà, ſur le banc à percer *L*, vis-à-vis un petit coffret quarré d'environ un pied de haut, qui y eſt attaché, ſur le deſſus duquel, à deux pouces du bord qui regarde l'Ouvrier, ſont plantés deux bouts de fer, enveloppés de peau liée autour; ils ont deux pouces & demi de haut, & ſont diſtants l'un de l'autre de trois à quatre pouces : il prend ſa raquette de la main gauche, puis armé de ſa poitriniere de buis, & poſant, de marque en marque des compas, la méche qu'il a miſe au bout de ſon vilbrequin, il ſe met à percer : il doit percer dix-huit trous à la tête, autant au bas des jambes & au colet, avec une meche de diametre à faire un trou d'environ une ligne, & le ſurplus avec une plus fine de la moitié; les quatre derniers gros trous du colet de chaque côté, doivent percer au-travers de l'étançon, ſortir & ſe trouver rangés ſur le milieu de ſon épaiſſeur en-dedans de la raquette : on gouge enſuite les deux rangs de tous les gros trous de la tête, c'eſt-à-dire, qu'on fait avec la gouge une raînure dans le bois d'un trou d'une rangée au trou de l'autre; les ſix trous qui ſont au tournant ſur le côté élevé, ſe gougent en zigzag; tous les gros trous ſont pour les montants, & les petits pour les travers : ce qui ſera expliqué ci-après. *Voyez* l'eſpece de ruban factice qui entoure la raquette, *Pl. V.* où tous les trous ſont marqués. Quand la raquette eſt percée & gougée, comme il vient d'être dit, on ſe remet au billot pour la polir, d'abord avec le grattoir *P*, qui commence à l'unir : cet inſtrument ſe fait avec des portions de lames d'épée, à chaque bout deſquelles on met des manches de bois : on acheve le poli avec la peau de chien, on lui remet la bride de fil de fer; alors elle eſt en état d'aller au four pour lui faire prendre la couleur de marron.

Planche II. Le Banc à percer L.

Percer la Raquette.

Planche III. les Gratoirs P.

Brunir la Raquette.

Le Four eſt de maçonnerie, de trois pieds ou plus en quarré, de cinq à ſix pieds de haut, ayant une ouverture à quatre pieds & demi de terre, qu'on ferme avec un volet : à raze-terre eſt une petite arcade qu'on ferme de même : on ſcelle dedans, à quatre pieds ou environ de terre, pluſieurs tringles de fer d'équerre avec le mur : on enfile les raquettes ſur ces tringles, elles y pendent le manche en-bas, on obſerve qu'elles ne ſe touchent point : on ferme le volet d'en-haut, & on fait entrer par l'ouverture d'en-bas de la ſciûre de bois de chêne tamiſée avec ſoin, de peur qu'il ne s'y trouve quelque petit éclat de bois dont la fumée gâteroit l'opération : on allume cette ſciûre, on ferme le volet d'en-bas; on a ſoin de remettre de la ſciûre à meſure que la précédente ſe conſume; on ne retire les raquettes du four qu'au bout de deux

Planche IV. Vignette A. Le Four.

La ſciûre de chêne.

jours & deux nuits, & même un peu plus en temps humide : la fumée de cette sciûre colore très-bien le bois : à mesure qu'on retire les raquettes du four, on resserre les clous du manche, & on ne les reprend plus que pour nerver l'étançon, & ensuite les corder.

L'étançon après avoir été posé en sa place, a dû être rapé au niveau des deux côtés du manche ; il s'agit maintenant de le nerver par en-haut jusqu'au tiers de sa longueur, & de coler ensuite du parchemin par-dessus la nervure, le tout afin de fortifier son bois qui est tendre : cette opération qui lui donne de l'épaisseur, l'éleveroit au-dessus de son niveau ; c'est pourquoi il est nécessaire, avant de la faire, d'ôter du bois : pour cet effet, on prend un court tranchet qu'on nomme *Gouge*, avec lequel on coupera une bonne ligne d'épais du bois de l'étançon de chaque côté, depuis le haut jusqu'au tiers de sa longueur ; on a du nerf pris entre le jarret & le pied de derriere du bœuf, & réduit en filasse, (*le meilleur se prépare à Poitiers*) ; on l'étend à égale épaisseur, on l'enduit tout de suite de colle-forte, & on passe dessus le tout la lissette *A*, petit outil d'os mince, plat & arrondi par les bouts : on laisse sécher : quand le nerf est sec, on prend, pour ainsi dire, la mesure de l'étançon, en taillant dessus du papier, pour ensuite sur ce papier couper le parchemin, au bout large duquel on laissera une longueur de demi-pouce de plus, qui se rabattra sur l'épaisseur de l'étançon en dedans de la raquette quand on collera : il faut tailler ainsi deux piéces de parchemin pour un étançon, une de chaque côté ; ces piéces collées ne passeront pas la nervure.

Planche III. Tranchet-gouge Q.

Le Nerf.

Planche IV. La Lissette *A*.

le Parchemin.

Quand on veut poser le parchemin, on commence par étendre de la colle-forte, on applique tout de suite le parchemin, que l'on unit bien par-tout avec la lissette ; quand il est bien collé, on découpe avec des cizeaux la longueur de demi-pouce qui dépasse, dont nous venons de parler, de la façon dont se découpe le bout d'un ruban pour l'empêcher de s'éfiloquer ; on enduit de colle l'épaisseur du dessus de l'étançon, on y applique ce surplus découpé qu'on unit de même avec la lissette ; on fait les mêmes opérations de l'autre côté, alors l'étançon a sa derniere façon ; il ne s'agit plus que de corder la raquette.

Corder la Raquette.

Montants & Travers.

CORDER *une Raquette*, c'est remplir de mailles quarrées tout le vuide de sa tête ; on n'y emploie que de la corde à boyau de deux grosseurs différentes : celle qu'on emploie pour les *montants* *, (on appelle ainsi les rangs qui vont de haut en bas), sera de la grosseur d'une ficelle ordinaire, & celle qui doit faire les *travers*, (c'est ainsi qu'on nomme les rangs qui croisent les montants), doit être de la moitié moins grosse : il faut pour corder une raquette de Paume

* Pour mieux comprendre ce qui va suivre, lisez l'Explication des *Figures BB & CC de la Planche V*. à la fin de cet Art.

ordinaire quatre aunes & demie de grosse corde, & neuf aunes de petite; tous les trous faits autour de la raquette servent à passer ces cordes, d'abord les montants, ensuite les travers; les montants seront au nombre de 18, & les travers 32 ou 33.

Pour se préparer à corder, on commence par enfoncer en tournant un poinçon rond & poli *r*, dans tous les trous, pour les adoucir & les rendre plus coulants: il faut se servir de deux poinçons, un plus gros pour les gros trous; ensuite on prend la corde destinée aux montants, on la plie en deux, on fait passer le pli dans un crochet attaché à la muraille; on la tire avec force pour l'allonger & l'égaliser, on la frotte en même temps de savon afin de la rendre plus coulante lorsqu'elle passera dans les trous; enfin on commence à corder par les montants: pour cet effet, on passe de dehors en dedans les deux bouts de la corde dans les deux trous du milieu du haut de la tête, d'où on les conduit de dedans en-dehors dans les deux trous du milieu de l'étançon qui sortent au bas du collet; on les enfile ensuite dans les trous voisins tant en-bas qu'en-haut, tendant toujours le plus qu'on peut, jusqu'à ce que les dix-huit montants soient passés; & pour les faire roidir davantage, on passe aux seize trous d'en-bas *B B*, sous le montant extérieurement contre le bois, quand on le fait sortir d'un trou pour entrer dans l'autre, deux petits bouts de corde à boyau, qu'on place sous le montant même, au milieu de l'intervalle qu'il parcourt entre le trou dont il sort & celui où il entre. *Voyez Planche V. fig. CC.* Quant aux trous d'en-haut, on loge la corde à mesure dans les raînures de communication d'un trou à l'autre, qu'on a précédemment faites avec la gouge, comme il a été dit ci-dessus: quand tout est passé, on fait un nœud pour arrêter: s'étant ensuite assis, on pose le manche de la raquette dans quelque enfoncement à une muraille, ou ailleurs; & appuyant la tête debout contre son ventre, on tire d'une main par le milieu & en élevant, & le plus fort qu'on peut, le montant qui dans cette situation se trouve le plus bas, celui d'ensuite de l'autre main, & tous successivement l'un après l'autre; cette force allonge & tend la corde de plus en plus: on recommence cette manœuvre à plusieurs reprises, jusqu'à ce qu'on sente que tous les montants sont tendus bien ferme; & comme cette forte tension tire à elle le haut & le bas, elle fait écarter les côtés, & rend la raquette plus courte & plus large qu'elle ne doit être: on la met dans la Presse *K*, *Pl. II.* dont l'effet est de rapprocher les jambes; & afin d'empêcher que la raquette étant hors de presse ne reprenne le même pli, on fait entrer à force un ou deux billards qui roidissent sur la longueur: le billard est une tringle de fer de 11 pouces de long, terminée en crochet par un bout, & par l'autre en une vis; l'écrou qui tourne dessus a deux branches, dont chacune fait l'effet d'un autre crochet, qu'on peut avancer ou reculer plus ou moins.

Planche III. Poinçon *r*.

Corder les montants.

Pl. IV. fig. 3. qui est une raquette cordée de ses montants.

Planche V. *B, B. & C, C.*

Planche III. Le Billard *S.* & *Planche IV. Fig. 5. R, R.*

Corder les Travers.

Planche V. II.

Le billard étant posé, on ôte la raquette de la presse, & on se prépare à corder les travers; pour cet effet, après avoir tiré & savoné la corde des travers comme il a été fait à celle des montants, on en passe un bout dans le premier petit trou du haut d'une des jambes, on tire par-dedans la corde jusqu'à la moitié; & pour la passer de montants en montants, on lui fait faire un tour de dessus en dessous autour du premier, du second & de tous les autres; on parvient ainsi jusqu'au premier petit trou de l'autre jambe, on passe au-travers & on rentre au trou de dessous pour faire un second rang, &c. Cette moitié de corde doit faire huit travers; on prend ensuite l'autre moitié qui est restée en-dehors, & on la descend dans le neuvieme trou, elle doit faire sept autres rangs de travers, une autre corde en fera douze au-dessous des sept derniers: voici déjà 27 travers; sur quoi il est à remarquer que tous les travers qu'on vient de faire, se commencent par le haut & finissent en-bas, & qu'au contraire on commence à les tirer pour les tendre par le bas, & on finit par le haut, où il reste encore un vuide sans travers: on va expliquer tout ceci. Tirer les travers, c'est les tendre: pour cet effet, on prend un poinçon qu'on passe sous chaque maille, on la saisit entre le poinçon & le pouce; & tirant à soi, la corde serre le montant & s'allonge: on tire ainsi par trois fois maille à maille tous les travers, commençant par le dernier rang, c'est-à-dire, le plus proche de l'étançon, & finissant en-haut au premier rang par lequel on a commencé; cette forte tension allonge assez les bouts de corde pour fournir à faire les cinq ou six travers qui doivent achever de remplir le haut de la raquette: ces cinq travers passés, tirés & arrêtés par un nœud, complettent le nombre de 32 travers qui doivent barrer toute la raquette: il ne s'agit plus que d'égaliser les mailles quarrément, & de doubler ensuite dix ou douze montants de la tête à leur origine pour les assûrer, en les empêchant de vaciller dans leurs trous: la premiere de ces deux opérations qui consiste à égaliser les mailles en rangeant les travers en lignes droites, de façon qu'avec les montants ils représentent des mailles régulieres, s'exécute ainsi: on prend le poinçon double *R*, c'est-à-dire, qui fait la fourche; avec cette fourche on embrasse un montant quelconque, & en poussant en-avant ou en-arriere le nœud du travers qu'on veut alligner, on le fait couler à l'endroit où il doit rester. A l'égard du doublement des dix ou douze montants, on se sert de bouts de corde *à travers*: on commence par faire un nœud à une extrémité, dans lequel on enferme une petite portion de corde de montants, on passe l'autre extrémité dans le trou du montant qu'on va doubler; le nœud qui contient la portion de corde, forme une grosseur qui s'arrête dans le trou *o*; alors ayant la raquette du côté des nœuds, *II.* & prenant l'extrémité qu'on a passée, on la plonge de dessus en-dessous, *III.* dans la premiere maille à droite du montant *i*, on la ramene de dessous en dessus par la premiere maille à gauche *l*, on la replonge dans la seconde

Fig. A.

Le Poinçon double. Planche III. R.

Le Doublement. Planche V. III.

ſeconde maille du même côté *k*, & on la ramene par la premiere maille à droite *i*, dans laquelle on l'avoit fait entrer en commençant ; on tire à ſoi le bout *m* ; tous ces tours ſe ſerrent, & font une eſpece de nœud joignant celui du travers : on repart de ce nœud pour en faire un pareil au travers du deſſous *b*, de-là un autre *c*, &c. juſqu'à ce qu'on en ait fait cinq ou ſix au même montant ; après quoi on coupe le reſtant du bout : c'eſt ainſi qu'on double les 10 ou 12 montants le long de la tête, & la raquette eſt entiérement cordée.

On finit par envelopper le manche aux deux tiers de ſa longueur par pluſieurs tours de peau de mouton blanche *VV*, qu'on arrête en-haut & en-bas avec des broquettes : on la remet un moment dans la preſſe pour y poſer un billard ou deux, afin qu'elle ſe maintienne dans ſa forme ; puis ayant ôté les billards, on la lie du haut en-bas en bandouliere de gauche à droite avec une corde à boyau *x* : pour la même raiſon on la laiſſe ainſi bridée juſqu'à ce qu'on veuille s'en ſervir. *Planche IV. Fig. 5. R, R. Planche III. A.*

DE LA BALLE.

Les matériaux qui ſervent à la conſtruction de la Balle ſont les ſuivans :

Des chiffons ou recoupes d'étoffes de laine, comme drap, ſerge, &c.

De la ficelle faite exprès très-peu torſe, que les Cordiers nomment *Ficelle à balles.*

Du gros drap blanc neuf.

Inſtruments.

La Boëte à balles *x*. } *Planche III.*
Le Bilboquet *y*.
Le Moule à balles.

Travail de la Balle.

Les Balles de Paume ſont les inſtruments de ce Jeu les plus indiſpenſables : voici comme elles ſe conſtruiſent.

Comme les lanieres de chiffons qu'on a dû préparer en les taillant à un demi-pouce, ou à trois quarts de pouce de large, ſe rencontrent de longueurs différentes, on commence par en aſſembler côte à côte un demi-pouce d'épais ſur une longueur d'environ ſix pouces : on les tourne d'abord toutes enſemble par un bout entre les deux doigts, de la façon dont on commenceroit une boucle de cheveux pour la mettre en papillote ; on diſtribue enſuite le ſurplus dans ſes mains en tous ſens, de maniere qu'on parvienne à en faire une petite boule bien ronde, groſſe comme une noix ; c'eſt ce qu'on appelle *le noyau* : on continue en tournant autour de ce noyau d'autres lanieres, une à une de différents ſens, juſqu'à ce qu'on ſoit arrivé à l'épaiſſeur de deux pouces plus ou moins ; je dis plus ou moins, parce qu'on doit faire les balles en pro- *Le Noyau.*

portion de la longueur du Jeu de Paume, plus petites si le Jeu est plus court, & plus grosses si le Jeu est plus long.

Planche III. La Boëte à balles. Lorsqu'on est parvenu à la grosseur qu'on désire, on la porte sur la boëte à balles : cet instrument est un morceau de bois arrondi au Tour, de huit pouces de haut, renflé par les deux bouts, terminé d'un côté par une queue du même morceau destinée à être enfoncée dans un trou fait sur le dessus d'un banc, d'un établi ou ailleurs, afin que l'instrument s'y trouve debout. *Voyez Planche II. p.* La superficie du bout d'en-haut doit être concave, & c'est sur ce creux que l'on tourne & retourne la balle de la main gauche, pendant qu'on la frappe légérement avec une petite masse de fer, afin de la condenser sur elle-même, & en même temps de la rendre bien ronde ; pour s'assurer ensuite si elle a la grosseur qu'on lui demande, on prend un moule à balles.

Le Moule à balles. Le moule à balles est une planchette mince, terminée par un petit manche pour pouvoir la tenir quand on fait l'épreuve : cette planchette est percée d'un trou rond ; on en a de différents diapasons : il faut que la balle passe bien juste au travers du moule qu'on a choisi ; lorsque la grosseur est trouvée, il s'agit de la maintenir en liant la balle de plusieurs tours de ficelle.

La ficelle à balles. La ficelle qui doit servir à cet usage, se nomme chez les Cordiers *Ficelle à balles* : elle est peu torse afin qu'elle s'applatisse aisément, & ne fasse point de bosses quand elle sera posée : on la roule d'abord par portions séparées, une sur le milieu de la boëte à balles, une autre sur le bilboquet.

Le Bilboquet *y*. Le bilboquet est un petit morceau de bois réduit au Tour à cinq pouces de long sur un demi-pouce de diamétre, terminé à chaque bout par un renflement en forme de bouton : on peut le comparer aux bobines sur lesquelles on dévide le fil d'or & d'argent.

Ficeler. Quand on veut ficeler, on commence par joindre avec le nœud de Tisserand la ficelle de la boëte à balles avec celle du bilboquet ; puis prenant la balle de la main gauche, on la pose sous ce nœud ; ensuite passant la main droite qui tient le bilboquet par-dessous la balle, & ramenant à soi & par-dessus, on fait le premier tour de ficelle, on retourne la balle d'équerre pour le second tour ; le troisieme tour se fait d'équerre sur le second *a* : on le termine par un nœud, après lequel on dirige la ficelle en biais des premiers tours, faisant toujours chaque tour en équerre du précédent ; on en fait sept *b* cette seconde fois, puis un nœud, ensuite six *c* suivant la même méthode, & un dernier nœud, après lequel on coupe la ficelle : alors la balle est entourée & liée de seize tours de ficelle qui passent l'un sur l'autre, & doivent être arrangés, comme on le voit, *Pl. V. a. b. c.* L'habitude de ce ficelage est si difficile à acquérir, que c'est ordinairement le chef-d'œuvre de celui qui veut passer Maître.

La balle étant ficelée, on la reporte sur la boëte à balle où on la bat pour la seconde fois avec la masse de fer, à petits coups, pour la durcir encore davantage, & afin d'applatir le ficelage ; il ne reste plus qu'à la recouvrir de drap blanc neuf ; c'est ordinairement l'ouvrage des femmes : elles taillent le drap en coupons quarrés longs, de plus d'un pouce de large, elles entourent la balle, plaçant ces bandes en croix, & les cousant à surget l'une à l'autre avec fil de Bretagne en trois *d* ; elles ajoutent & cousent de même les petites piéces ovales *e*, *e*, lesquelles doivent remplir les intervalles qui se trouvent nécessairement aux côtés de la croix, *m*, *m*, *m*, *m* : leur office est aussi de recoudre les balles qui peuvent servir encore, lorsque quelques coutures ont manqué ; & pour distinguer plus aisément celles qui ont besoin de réparation, & en même temps pour les reblanchir, on les sasse de temps en temps dans un sac, où on a mis de la craie en poudre ; cette craie leur redonne le blanc ; on les voit de plus loin, & on s'apperçoit plus facilement des endroits où les coutures ont lâché. Couvrir.

ART DE LA PAUME.

Il s'agit maintenant de mettre en œuvre tous les préparatifs dont on vient de faire l'énumération, d'assembler les Athlétes, & de leur donner l'habit de combat, vêtemens légers, aisés & qui laissent au corps toute sa liberté.

Les Joueurs se présentent ou pour *peloter*, autrement *balloter*, c'est-à-dire, pour se renvoyer simplement la balle, sans suivre aucune des régles du Jeu, ou bien pour *jouer partie*, en observant toutes les régles qui sont assez nombreuses. Peloter.

La plûpart commencent par se dépouiller de quelque partie de leur habillement, quelquefois entiérement ; alors le Maître Paumier leur fournit bonnets, chemises, caleçons, camisolles, bas & chaussons * ; ce que l'on nomme ici des *chaussons*, sont des souliers sans talons ou à talons très-bas, faits entiérement de buffle ou de veau sans apprêt, qui se bouclent ou se nouent avec des cordons, & dont le dessous de la semelle a trois coutures apparentes, disposées comme on voit *Pl. III. F*, pour empêcher de glisser en jouant : on garnit la petite armoire ou crédence, des rafraîchissements que les Joueurs demandent, comme pain, vin, bierre, &c. L'habillement.

Le jeu fini, on monte dans une chambre, où on trouve bon feu, devant lequel on se fait frotter à nud & essuyer par les Garçons du Jeu ; cela fait, on reprend ses habits : on ne donne plus de lits comme on faisoit ci-devant, à cause de plusieurs accidents funestes qui sont arrivés pour s'y être endormi La chambre. Plus de lits.

* L'habillement complet se paye 15 sols ; mais par piéce, chacune se paye 4 sols, excepté le bonnet qui n'est que de 2 sols ; on donne aussi des robes de chambre ; le fagot 5 sols, &c.

après avoir été frotté & même bien soigné, principalement si on s'étoit excédé; le sommeil glaçoit les sens dénués d'esprits, & plusieurs ne s'en sont jamais relevés : la mention que l'on en fait ici, est un avertissement qui doit faire exclure les lits pour toujours.

Si quelqu'un étant seul a envie de jouer, il demande un Garçon du Jeu pour jouer contre lui, soit qu'il veuille peloter ou jouer partie; quelquefois le Maître s'offre lui-même.

De la Partie.

On vient de dire ce que c'est que *peloter*; ce n'est pas, pour ainsi dire, jouer sérieusement, mais passer le temps sans but & sans autre dessein que celui de faire de l'exercice, au lieu que la *Partie* est le jeu même : on y est astreint à des régles qui demandent de l'adresse & du raisonnement, un coup-d'œil prompt & beaucoup d'agilité; on exerce un Art qui a ses difficultés, & dans lequel il faut du talent pour réussir.

Il est de régle que ceux qui s'amusent à peloter, cedent leur place à ceux qui veulent jouer partie, à moins qu'ils ne se déterminent à la jouer eux-mêmes.

Nombre des Joueurs.

Les parties se font de deux, trois & quatre Joueurs, jamais davantage; c'est-à-dire, seul à seul, ou un contre deux, ou deux contre deux : chaque partie est de six ou huit jeux, suivant la convention; chaque jeu est de soixante points, dont chaque coup vaut quinze points : on peut donc avoir un jeu en quatre coups décidés, en les gagnant tout de suite; cependant il est très-rare qu'un côté gagne toujours ses jeux en quatre coups, à moins que l'autre ne fût si foible qu'il ne pût parvenir à gagner un seul coup dans la partie; ce qu'on peut dire n'arriver presque jamais; ces parties seroient bien fastidieuses pour le côté gagnant, quoiqu'elles fussent bientôt terminées; mais on tâche de s'assortir à-peu-près d'égale force; alors on jouera bien plus de coups avant de gagner ou de perdre. Je suppose qu'un côté a gagné quinze au premier coup, l'autre gagne quinze au second coup, on dit *quinze à un*; le premier côté encore quinze, qui fait trente; l'autre, *trente à un*; le premier encore quinze, qui fait quarante-cinq : le coup d'après gagné par l'autre, se dit *à deux*; le coup d'ensuite qui gagne, se dit *avantage*; l'autre gagne *à deux* : avantage d'un côté, à deux de l'autre, augmente encore le nombre des coups, jusqu'à ce que le dernier qui a avantage, gagne tout de suite le coup d'après; alors il a *jeu* : quelquefois le jeu n'est pas encore gagné au bout de quinze coups & davantage; faire des chasses, les tirer & les défendre, allonge le jeu : encore cette derniere circonstance demande à être expliquée le plus clairement qu'il sera possible, & par conséquent c'est ici qu'il est temps de parler des raies & demi-raies noires qu'on voit tracées de distance en distance sur le plancher des Jeux de Paume.

Les Jeux.

Lorsqu'on

Lorſqu'on a fixé ci-devant l'étendue en long d'un Jeu de Paume à 90 pieds, on a dit qu'il devoit être carrelé avec des carreaux qui euſſent chacun un pied en tout ſens: donc tout le Jeu carrelé donnera 90 rangées tranſverſales ; & quand même les rangées ne ſeroient pas régulieres, on les ſuppoſe toujours égales, lorſqu'il s'agit d'eſpacer les raies noires.

Une des premieres loix du Jeu eſt de reprendre la balle qui vous eſt envoyée, ou de volée, c'eſt-à-dire en l'air, avant qu'elle ait touché le carreau, ou quand elle y a fait ſon premier bond ; car ceux qu'elle peut faire ſur les toîts ou contre les murailles, ne ſont pas comptés ; il n'eſt plus temps de la prendre à ſon ſecond bond, & l'endroit dans le Jeu où elle touche terre pour la ſeconde fois, eſt ſouvent le lieu de ce qu'on appelle *une chaſſe* ; je dis ſouvent, car il y a dans le Jeu des places qui ne ſont point ſujettes aux chaſſes. Manieres de reprendre la balle.

Les raies & demi-raies noires tracées tranſverſalement ſur le plancher, ne ſervent qu'à fixer l'œil pour connoître préciſément l'endroit où la balle tombée du ſecond bond a fait une chaſſe : pour cet effet, voici comme elles ſont diſtribuées par tout le Jeu ; commençant à compter de l'angle que fait le pignon au fond du Jeu avec le plancher, on trace une demi-raie au bout de deux rangées de carreaux, une raie au bout de quatre, une demie au bout de ſix ; on fait ainſi ſucceſſivement des raies & demi-raies de deux en deux rangées de carreaux juſqu'à la quatorzieme rangée ; toutes ſont cottées ſur le plan, *Planche I.* Paſſé cette derniere, on ne tire plus que des raies entieres qui répondent aux milieux de tous les ouverts, qui ſont le dernier, *xx*, le ſecond, *yy*, la porte, *zz*, & le premier, *vv*, tant au fond du Jeu que devers le Jeu : toutes ces raies & demi-raies traverſent d'équerre la grande raie qui partage le Jeu par le milieu dans toute ſa longueur. Des raies noires.

Une chaſſe eſt donc faite à la rangée de carreaux ſur l'un deſquels la balle n'ayant pas été repriſe à ſon premier bond, a tombé pour faire ſon ſecond bond, ſoit dans tout le fond du Jeu, ſoit devers le Jeu, depuis la corde juſqu'à la raie du dernier, *xx*, au-delà de laquelle juſqu'au toît de la grille, il ne s'en fait point ; voilà le ſeul eſpace dans le Jeu qui en ſoit exempt. Les chaſſes.

La chaſſe faite ne cauſe ni perte, ni gain ; ce n'eſt que lorſqu'on la tire, qu'on peut la gagner, ou la perdre ; & on ne peut la tirer que quand on eſt paſſé, & même on ne paſſe que pour tirer & défendre les chaſſes ; alors les Joueurs qui étoient au fond du Jeu, vont prendre la place de ceux qui étoient devers le Jeu, & réciproquement.

Tirer une chaſſe eſt eſſayer de la gagner ; on la gagne en ménageant ſon coup de façon que le ſecond bond de la balle que l'on envoie, ſe faſſe, ſoit en allant, ſoit en revenant du mur, au-delà du lieu où la chaſſe a été faite ; on la perd s'il ſe fait en-deçà ; mais s'il tombe ſur la ligne de la chaſſe, le coup eſt à remettre, c'eſt-à-dire, à recommencer. Tirer.

Défendre. Défendre une chaſſe, c'eſt reprendre avant ſon ſecond bond la balle de celui qui la tire, quand on juge qu'il peut la gagner; car lorſqu'on prévoit que le ſecond bond ſe fera en-deçà de la chaſſe, ſoit en avant, ſoit en revenant du mur, le Joueur habile ne s'aviſe pas de la reprendre; & ſi la choſe arrive comme il l'a prévû, la chaſſe eſt perdue pour le Tireur, & il gagne quinze ſans jouer.

Paſſer. Il eſt de régle qu'auſſi-tôt qu'il y a deux chaſſes de faites dans un jeu on paſſe, en cas qu'aucun des deux Partis n'ait pas quarante-cinq; mais que ſi l'un ou l'autre a quarante-cinq, on paſſe à une chaſſe faite.

Continuation des chaſſes. Le ſort de celui qui tire une chaſſe eſt à plaindre; car il la perd dans tout le Jeu de Paume, depuis la rangée des carreaux ſur l'un deſquels la chaſſe s'eſt faite juſqu'à lui, & il ne peut la gagner que depuis cette rangée de carreaux juſqu'au bout du Jeu; auſſi les chaſſes qui lui ſont les plus avantageuſes, ſont les plus proches de la corde; & ſous la corde même, l'eſpace en ſa faveur eſt plus grand: au contraire il devient plus petit, à meſure qu'elles approchent du fond du Jeu, ou devers le Jeu; & il ne peut gagner une chaſſe au pied, c'eſt-à-dire, au pied du mur au fond du Jeu, qu'en plaçant ſa balle aux Jeux Quarrés dans le petit trou, ou touchant l'ais, & aux Jeux à Dedans dans les dedans, de volée, ou de premier bond: malheureuſement encore pour lui, les chaſſes ſont bien plus fréquentes au fond du Jeu; c'eſt par cette raiſon qu'on y multiplie les raies noires, & devers le Jeu les chaſſes ne commencent que depuis la raie du dernier juſqu'à la corde.

Si en tirant une chaſſe qui aura été faite ſur la ligne de quelque ouvert, comme la porte, le ſecond, &c. on place la balle de volée, ou de premier bond, dans l'ouvert, le coup eſt à remettre, c'eſt-à-dire, à recommencer; il en eſt de même, ſi elle tombe ſur la ligne où elle a été faite, comme on a dit ci-deſſus: mais ſi la chaſſe eſt faite en-deçà ou en-delà de la ligne de l'ouvert, quel qu'il ſoit en-deçà, mettant dans l'ouvert il la gagne, en-delà il la perd: voilà pourquoi le Marqueur l'avertit en diſant, par exemple, *au dernier*, &c. *la perd*, ou *au dernier*, &c. *la gagne*.

Comme les Joueurs de part & d'autre ſe placent aux deux bouts du Jeu, que le gain ou la perte dépendent des endroits où tombe la balle, & qu'ils ſont occupés à attaquer, ou à ſe défendre, ils auroient de la peine à les remarquer bien juſte, ce qui donneroit lieu à des diſputes ſans fin: on eſt convenu de s'en rapporter à un Garçon du Jeu, qui ſe nomme alors le *Marqueur*: ce Marqueur ſe place à la porte du côté du fond du Jeu, il s'arme d'une raquette pour ſe garantir lui-même des coups de balle, car il eſt à découvert; ſon office eſt de prononcer à haute voix la perte ou le gain; il doit lever avec ſa raquette le milieu de la corde & de ſon filet, pour donner paſſage aux Joueurs toutes les fois qu'ils paſſent réciproquement d'un côté du Jeu à l'autre; c'eſt

Le Marqueur, ſes fonctions.

auſſi lui qui marque les parties & les jeux par des traits de craie qu'il fait ſur le carreau à ſes pieds, comme on voit, *Planche I.*, devant l'ouverture où ſe tient le Marqueur : les grands traits en travers ſont les parties, le grand trait qui les coupe par le milieu, diſtingue les jeux gagnés de part & d'autre, qu'il marque à meſure par de petits traits qui coupent la ligne de la partie. Comme on ne ramaſſe pas les balles à chaque coup, elles s'accumulent dans le Jeu, le Marqueur les ramaſſe de temps en temps dans un panier, d'où il les verſe dans la manne qui eſt placée aux Jeux quarrés ſur l'appui du dernier, & aux Jeux à dedans ſur le milieu de l'appui des dedans, où celui qui donne le ſervice va les prendre *.

Jouer.

Tirer le ſervice.

LORSQUE les Joueurs ſont aſſemblés dans le Jeu, on commence par tirer le ſervice ; ce qui ſe fait en jettant une raquette, de façon que tournant en l'air elle retombe à terre au haſard ſur un côté ou ſur l'autre ; le côté des cordes qui eſt plat, c'eſt-à-dire, ſur lequel il n'y a point de nœuds, ſe nomme alors le *droit*, l'autre côté où les nœuds paroiſſent, ſe dit le *nœud*; le Joueur qui voit tomber la raquette dit *droit* ou *nœud* : ſi, quand elle eſt à terre, & qu'il a pris droit, par exemple, elle ſe trouve du côté des nœuds, c'eſt celui qui a jetté la raquette qui gagne le ſervice, c'eſt-à-dire, qui ſervira la balle à l'autre, & au contraire : alors le Marqueur prend ſa place ainſi que les Joueurs, ſçavoir celui qui doit donner le ſervice, au fond du Jeu, & celui qui doit le recevoir, devers le Jeu.

Primer & les ſeconds.

Lorſque l'on eſt deux de chaque côté, les Joueurs qui donnent & reçoivent le ſervice ſe diſent *primer*, les deux autres ſe nomment *les ſeconds*.

Le ſervice.

Celui qui doit ſervir prend dans la manne une balle de la main gauche, la jette en l'air & la reprend avec ſa raquette ; il faut qu'il la dirige de façon qu'après avoir paſſé au-delà de la corde, elle roule ſur le toît de la galerie, ou du moins frappe deſſus avant de tomber dans le Jeu ; les loix du ſervice ſont qu'elle doit être ménagée de façon qu'elle tombe dans l'eſpace quarré qui eſt terminé d'une part par la raie du dernier, & de l'autre par la raie en long qui vient du toît de la grille, qu'on nomme *la raie de la paſſe* : toute autre direction rend le ſervice nul, comme de reſter en-deçà de la corde, de ne point toucher le toît *devers le Jeu*, de ne point entrer, c'eſt-à-dire, ſi la balle tombe en-deçà de l'eſpace quarré, dont on vient de parler ; le ſervice eſt encore nul, ſi la balle pouſſée avec force paſſe en roulant toujours du toît de la galerie au toît de la grille, ce qui s'appelle *ſervir ſur les deux toîts*, & retombe dans le Jeu au-delà de la raie de la paſſe, on ne doit point reprendre ces ſervices, & le Marqueur

* Quand on pelote on paye 12 ſols par heure : les parties ſe payent dans les Jeux à Dedans, ſi elles ſont de 8 jeux, 25 ſols ; & de 6 jeux, 20 ſols ; dans les Quarrés, 5 ſols de moins.

dit, *faute*, *il y a faute*, & on perd quinze quand on fait deux fautes de ſuite; mais ſi la balle paſſe au-delà de la raie de la paſſe, on ne perd rien quand on réitéreroit pluſieurs fois: le ſervice eſt ſeulement nul, & le Marqueur dit *paſſe*; mais pour peu qu'elle tombe en-deçà, le Marqueur ſe hâte de dire *bonne*, *bonne*, & il faut la jouer.

Comme chaque côté de Joueurs reçoit & ſe renvoie la balle réciproquement, ce qui eſt proprement jouer, auſſi chacun a-t-il des dangers à courir, dont il ne peut ſe tirer qu'en les prévoyant & les évitant par ſon adreſſe & ſon agilité, les Joueurs devers le Jeu ont deux ouvertures à défendre, le dernier & la grille; car s'ils y laiſſent entrer la balle qui leur eſt envoyée de bond ou de volée, ils perdent quinze chaque fois: d'autre part, ceux qui occupent le fond du Jeu, ont auſſi deux riſques à courre, le petit trou & l'ais aux Jeux quarrés, & les dedans aux Jeux à dedans, aux mêmes conditions; à l'égard du tambour, il ne ſert qu'à embarraſſer le Joueur, pour juger ſuivant l'endroit de ſon glacis que frappera la balle, où elle retournera dans le Jeu; ainſi quand il peut le défendre, il n'en fait que mieux.

On perd quinze de quelque côté que l'on ſoit, quand la balle ne paſſe pas par-deſſus la corde, & s'arrête dans ſon filet, ce qui s'appelle *mettre deſſous*, quand elle touche les poteaux d'en-haut, quand elle donne dans les filets d'en-haut & ſur le rabat.

Le Marqueur nomme à chaque coup la perte & le gain, c'eſt-à-dire, *quinze*, *trente*, *quarante-cinq*, *quinze à un*, &c. il nomme auſſi l'endroit des chaſſes à meſure qu'il s'en fait, & indique le lieu des chaſſes en diſant, *chaſſe à quatre carreaux*, *à ſix carreaux*, *&c.* & auſſi ce qui doit en réſulter, comme *la perd au dernier de quatre carreaux*, *la gagne au ſecond de deux carreaux*, *au premier à remettre devers le Jeu*, *&c.* Pour les chaſſes, voyez ce qui en eſt dit *page* 21.

Quand le Marqueur s'apperçoit que la balle a été repriſe ſi près de faire ſon ſecond bond, qu'on pourroit douter ſi elle l'a été avant ou après, il ſe hâte de dire *bonne*, afin qu'on ne néglige pas de la renvoyer, la croyant chaſſe ou repriſe trop tard.

Termes du Jeu, & les principaux Coups.

Le *fond du Jeu*, nom qu'on donne à la moitié du Jeu depuis la corde à droite: dans cette moitié eſt le petit trou & l'ais aux Jeux quarrés, les dedans aux Jeux à dedans; c'eſt auſſi du côté de l'ais que ſe place celui qui donne le ſervice, le ſecond ſe tient vers le petit trou aux Jeux quarrés; & aux Jeux à dedans celui qui ſert ſe met vers le petit dedans, du côté de la galerie, le ſecond vers le grand dedans; les raies noires de ce côté ſont de deux en deux rangées de carreaux juſqu'à quatorze carreaux; c'eſt à la porte de ce côté que ſe tient le Marqueur.

Devers

Devers le Jeu, expreſſion qui déſigne la moitié du Jeu depuis la corde à gauche ; c'eſt dans cette moitié qu'eſt la grille & ſon toît, & de plus aux Jeux à Dedans le tambour ; c'eſt la place de celui qui reçoit le ſervice, il ſe tient du côté de la galerie ; ſon ſecond eſt vers la grille, tous deux dans un eſpace exempt de chaſſes juſqu'à la raie du dernier.

La raie de la paſſe eſt une raie noire tracée en long ſur le carreau vers la grille ; on l'appelle ainſi, parce que ſi la balle en ſervant tombe au-delà, le ſervice eſt nul & à recommencer ; alors le Marqueur dit *paſſe*.

Servir ſur les deux toîts, expreſſion qui ſignifie que la balle ſervie, après avoir roulé ſur le toît de la galerie, continue ſur celui de la grille avant de tomber.

Donner le ſervice, ou *ſervir*, c'eſt commencer le coup.

Reprendre le ſervice, c'eſt renvoyer la balle qui a été ſervie.

Tirer le ſervice, c'eſt tirer au ſort à qui ſervira ; ce qui ſe fait avec une raquette jettée en l'air. *Voyez ci-devant.*

N'entrer point ; on dit que la balle *n'entre point*, lorſqu'étant ſervie, elle tombe en-deçà de la raie du dernier.

Faute, il y a faute ; expreſſion du Marqueur, lorſque la balle ſervie ne touche pas ſur le toît de la galerie devers le Jeu.

Primer, ſe dit de celui qui donne le ſervice, & de celui qui le reçoit.

Seconds, ſont ceux qui de part & d'autre ne donnent ni reçoivent le ſervice.

Mettre deſſous, ſignifie jouer trop bas, de façon que la balle s'arrête dans le filet ſous la corde.

Prendre de volée, ou *ſe porter à la volée*, c'eſt renvoyer la balle avant qu'elle ait touché le carreau.

Bonne, expreſſion du Marqueur qui ſignifie que la balle a été repriſe avant ſon ſecond bond.

La balle porte, expreſſion qui ſignifie que la balle après avoir touché le carreau, donne contre le mur.

Juger la balle, c'eſt prévoir l'effet qu'elle doit faire.

Tirer une chaſſe le dernier la grille, &c. c'eſt tâcher d'y placer ſa balle de façon à gagner le coup.

Défendre une chaſſe le dernier la grille, &c. c'eſt tâcher d'empêcher le gain du coup.

Tirer la brêche, c'eſt diriger ſa balle aſſez près du bord des Dedans, pour que celui qui les défend, ſoit embarraſſé à juger ſi elle y entrera ou non.

Le coup de bricole eſt celui auquel la balle ayant touché le mur de côté, qui ſe nomme alors *le mur de la grande bricole*, revient dans le Jeu.

Le coup qui croiſe eſt celui où la balle ayant donné contre le mur de la grande bricole, eſt renvoyée vers le milieu du Jeu.

Le coup de boſſe eſt celui où l'on dirige la bricole de façon qu'elle aille du mur dans le grand Dedans : ce nom de *bosse* ne signifie pas qu'il y ait un renflement au mur contre lequel la balle donne d'abord, mais en le construisant on place à huit ou dix pieds du grand Dedans une chaîne de pierre de taille, contre laquelle la balle frappant, est renvoyée avec plus de rapidité que contre le reste du mur qui est de moëlon, & conséquemment moins dur.

Le coup de batterie est une bricole basse qui porte contre le petit mur de la galerie, qu'on appelle alors *la petite batterie.*

Le coup de pied, ou simplement *le pied*, est de faire porter la balle précisément dans l'angle que fait le mur avec le carreau.

Le coup de plat-fond est de faire donner la balle contre le plat-fond, & qu'elle retombe *bonne* dans le Jeu, c'est-à-dire, de l'autre côté de la corde.

Le coup coupé est de prendre la balle de façon à lui donner deux mouvements, un en-dessous, & un suivant sa direction : car alors tournant du côté opposé à celui qu'elle devroit prendre, elle fait peu d'effet lorsqu'elle tombe dans le Jeu.

Le coup tourné se fait quand on coupe la balle de façon qu'elle ne décrit pas une ligne droite.

Des Avantages.

La partie se dit être *but à but*, quand les Joueurs se sentant d'égale force, ne se font aucun avantage ; mais lorsque la partie n'est pas égale, c'est-à-dire, qu'il s'en trouve de plus ou moins foibles, les plus habiles, pour égaliser la partie, leur accordent des avantages plus ou moins grands.

Le moindre est *demi-quinze* ou *demi-trente*, c'est la liberté de prendre quinze ou trente une fois en deux jeux.

Donner *quinze* est le pouvoir de prendre quinze à chaque jeu.

Donner *bisque*, c'est l'avantage de prendre à son profit un coup que l'on perd, une fois dans la partie.

Quinze & bisque, est quinze à chaque jeu, & tel autre coup que l'on jugera à propos de prendre pour soi dans la partie.

Les autres avantages raisonnables sont, pour le plus fort, de ne jouer que d'un côté du Jeu, c'est-à-dire, que sa balle ne passe point la raie noire qui le coupe en deux dans sa longueur, sous peine de perdre le coup.

Un autre est de ne jamais toucher les murs.

La partie de la petite corde est encore un avantage : on tend une petite corde au-dessus de la vraie corde, à la hauteur du bas du toît ; celui qui donne cet avantage, doit toujours faire passer sa balle par-dessus.

Enfin, de jouer avec quelqu'un des instruments, comme du battoir, du triquet, &c. pendant que le plus foible joue avec la raquette.

DU VOLANT.

Il a été imaginé de se servir du Volant au lieu de balle; ce jeu a été principalement en vogue dans le temps de Mgr le Duc d'Orléans, Régent du Royaume; c'étoit son jeu favori : cependant on n'en fait mention ici, que parce qu'il ne s'exécute que dans un Jeu de Paume en place du véritable Jeu : il est même fort rare qu'il se trouve des Joueurs qui le préferent à la Paume; car il fatigue extrémement, & est de grande dépense.

Le volant n'a pas, à beaucoup près, tant d'élasticité que la balle; ses bonds ne se dirigent pas du même sens, & ne sont pas si hauts : d'ailleurs il faut au moins trois douzaines de volants pour jouer un temps raisonnable; à vingt sols la piéce, les trois douzaines font trente-six livres; ils se gâtent bien vîte, & ne peuvent plus resservir.

On peut jouer jusqu'à huit personnes; mais le beau jeu est de quatre ou six Joueurs : on se sert de raquettes légeres, qu'on nomme *demi-Paumes*, & de gros volants, dont le cul a deux pouces de diamétre, & les plumes deux pouces & demi de haut : on tire le service avec la raquette comme à la Paume. On tend du côté du fond du Jeu une seconde corde avec son filet, à trois pieds de la véritable, & qui lui est parallele; c'est un Garçon du Jeu qui donne le service; pour cet effet il se tient à la porte devers le Jeu : le service se donne de deux manieres; ou le Garçon jette en l'air le volant avec sa main à celui qui donne le service, ou il se sert de la manivelle, *Pl. I. AA*.

Planche II. Volants V.

La manivelle est un bâtis de bois établi sur un chassis quarré *II*, qui lui sert de pied, duquel s'élevent deux montants *II, II*, joints vers le haut par une traverse *VI*, au milieu de laquelle est attaché un morceau de liége : à six ou sept pouces au-dessous de cette traverse, est une corde double *III*, tendue comme la corde d'une scie par une tringle de bois *IV*, à l'autre bout de laquelle est un enfoncement en forme de cuilleron; on y pose le volant, quand on l'a arrêtée horisontalement dans une hoche faite vers le haut d'une autre tringle mobile *V*, enfilée dans un bâton rond, attaché au pied de la machine.

Planche I. La Manivelle *AA*.

Le Garçon qui doit servir, place la manivelle dans la porte devers le Jeu, il la dirige vers le Joueur; puis tirant à lui la tringle mobile, la corde en se débandant amene subitement la tringle du volant contre le morceau de liége; ce coup sec envoie sur le champ le volant à celui qui donne le service.

Les jeux & les parties suivent les régles de la Paume, excepté qu'il n'y a point de chasses, ainsi on ne passe point; on ne doit point toucher les murs avec le volant, ni rester entre les deux cordes.

On croit ne pouvoir mieux terminer la description de cet exercice que par celle qui en fut faite dans une Thèse (*la Cardinale*) que soutint en 1745. M. Bellot, alors Bachelier dans la Faculté de Médecine de Paris, à laquelle présidoit M. Bourdelin, ancien Doyen de ladite Faculté, de l'Académie Royale des Sciences, Professeur de Chimie au Jardin du Roi : la même Thèse a été soutenue pour la seconde fois le 12 Mars de l'année 1765.

L'objet de cette Thèse est de prouver que la Paume est un excellent préservatif contre les rhumatismes ; elle est très-élégamment écrite en Latin : on n'en a traduit ici que l'endroit où M. Bourdelin met les Joueurs en action, & sa conclusion ; le surplus regarde entiérement la Médecine.

Après avoir donc soutenu que de tous les exercices du corps aucun n'est meilleur pour prévenir les rhumatismes, il dit que ce jeu, à quelques différences près, étoit connu des Anciens, & familier chez les Grecs & les Romains ; il passe ensuite à la façon dont il s'exerce maintenant parmi nous *.

* « On entre en lice, (dit-il) un contre un, à » moins qu'il ne plaise à chacun de prendre un associé qui partagera le sort du combat ; on sera » alors deux contre deux. Les Joueurs se vêtissent de toile, chemises, camisolles, bonnets, » caleçons, bas de fil ou de coton, & de souliers qui par leur mollesse se prêtent à tous les » mouvements du pied : enfin, ils se font une » large ceinture d'une serviette qu'ils serrent suffisamment par deux nœuds sur les reins. Le » combat se livre sous cette légere armure, afin » que le corps puisse aisément répondre à toutes » les inflexions qu'il est obligé de faire : aucun ne » doit omettre la ceinture ; cette ligature rend » le corps plus ferme, assûre les viscères, soutient le foie contre les fréquents élans & secousses des Joueurs, & l'empêche de tirer par » son propre poids le diaphragme en arriere, ce » qui rendroit la respiration pénible.

» Cet exercice demande que l'on jouisse de » toutes ses forces : ce n'est cependant pas d'elles » seules que dépend la victoire ; il faut y joindre » encore beaucoup d'adresse, un coup-d'œil juste » & un raisonnement prompt, pour juger si vous » renverrez la balle qui vous est lancée avec rapidité, ou si en ployant le corps, de peur qu'elle » ne vous touche, vous la laisserez passer pour la » reprendre à son premier bond. Maintenant » quelles variétés de mouvements, quels efforts » parmi les Combattants ! Tantôt le bras levé, ils » repoussent la balle prête à passer sur leurs têtes, » sans attendre sa chûte ; tantôt ils la reprennent » à rase-terre, & doivent la relever par-dessus la » corde. Un Joueur lance la balle de toute sa force ; l'autre l'attend de pied ferme, & ne fait que » lui opposer sa raquette comme un bouclier : pendant que l'un rassemble ses forces, l'autre, sans » s'ébranler, va les rendre vaines & inutiles ; cependant l'habileté ne consiste pas tant à pousser » la balle avec vigueur, qu'à la diriger de façon » à tromper la sagacité de l'ennemi. Le Jeu de » Paume est divisé en deux par une corde tendue, » de laquelle pend un filet qui descend jusqu'à terre : on joue bien quand on fait passer sa balle pardessus, & mal si elle donne dans le filet sous la » corde ; mais celui-là joue encore mieux quand » il pousse sa balle, en sorte qu'elle rase le dessus » de la corde sans y toucher, & qu'il sçait modérer son coup de façon qu'au lieu de l'envoyer » au mur de l'un ou l'autre bout, la balle roule » bientôt & n'y parvienne qu'en mourant, afin » que faisant ses rebonds près de terre, elle oblige » l'adversaire de se ployer avec promptitude ; il » est très-difficile alors de la reprendre & de la » renvoyer.

» Ce Jeu est rempli d'art & de finesses, comme » de feindre du corps & des yeux que l'on a dessein de jouer d'un côté, & de changer tout-à-coup de direction en jouant ailleurs : l'adversaire trompé qui s'étoit avancé avec promptitude de où vous avez paru disposé à porter votre » coup, est obligé de revenir précipitamment & à » perte d'haleine d'où son erreur l'avoit conduit : » il vous rendra bientôt la pareille ; bientôt se ressouvenant de la fraude, il enverra la balle à la » place que vous venez de quitter, & vous serez » contraint à votre tour de courir & vous essouffler pour y revenir. Ce singulier genre de combat ne se donne pas sans plaisir, quoique l'homme y travaille quasi tout entier : ses yeux sont » perpétuellement occupés, ses bras dans un mouvement continuel, ses mains se serrent, ses » poumons sont agités par sa voix & sa respiration » fréquente ; son corps & ses reins par la multiplicité d'inflexions qu'il est obligé de faire, ses » jambes & ses pieds par sa course & ses pas précipités ; enfin, son esprit est tendu pour chercher les différentes ruses qu'il emploiera pour » enlever la victoire à son ennemi.....

» Les Joueurs aussi-tôt le combat fini montent » dans une chambre préparée pour eux, se placent » auprès d'un bon feu, & sur le champ s'étant dépouillés de leurs vêtemens empruntés, ils se » font frotter avec des linges chauds, de peur » que l'air extérieur ne les saisisse : ces frictions » ont encore cela de bon, que si par le mouvement violent du sang quelque humeur s'est arrêtée dans les vaisseaux de la peau, leur pression » réitérée la chassera dehors, ouvrira les pores, » & enlevera tous les obstacles qui auroient pu » s'opposer à sa transpiration ».

Donc l'exercice de la Paume est le remede préservatif contre les Rhumatismes.

EXPLICATION

EXPLICATION
DES TROIS VIGNETTES ET DES CINQ PLANCHES.

PREMIERE VIGNETTE.
II. PLANCHE.

CETTE Vignette repréſente un Jeu de Paume à Dedans, vû des dedans même, dans leſquels les Spectateurs ſont aſſis, & regardent jouer ſans courir aucun danger, étant à l'abri des balles par un filet qui garnit toute l'ouverture; ils ſont en face du toît de la grille: on voit la galerie & ſon toît en perſpective, & ſa jonction avec celui de la grille: on voit la grille & le tambour de ſon côté: on diſtingue auſſi la corde & ſon filet pendant à terre, qui partagent le Jeu en deux parties égales dans ſa largeur, & deux Joueurs qui ſe renvoient la balle.

SECONDE VIGNETTE.
III. PLANCHE.

CETTE Vignette repréſente un Jeu de Paume Quarré, vû par le côté, comme on le voit du dedans de la galerie: on n'a repréſenté la galerie en hauteur que juſqu'à la filiere appuyée ſur les poteaux d'en-bas, & on n'a pu exprimer ſon toît qui poſe deſſus, parce qu'il auroit caché le reſte du Jeu qu'on voit au-delà: le toît de la grille paroît en perſpective, ainſi que la grille: on voit au-deſſus le filet nommé *le rabat*, deſtiné à renvoyer dans le Jeu la balle qui frappe deſſous: on voit d'un bout à l'autre le gros mur de côté, en face de la galerie avec ſes joues d'en-haut, les grands poteaux qui ſoutiennent la couverture, derriere leſquels ſont les poteaux de la galerie extérieure de charpente où ſont les rideaux (dont quelques-uns ſont fermés) & les grands filets, qu'on n'a pu exprimer dans l'eſtampe, devenant imperceptibles à cauſe de l'éloignement: on voit quelques maiſons dans le lointain; le Marqueur dans ſa place (quand on joue partie) à la porte du fond du Jeu, le cric de la corde pour la tendre plus ou moins, au-deſſous du poteau de la corde en-dedans de la galerie; ce poteau eſt coupé pour pouvoir voir le deſſus de la corde; en face on voit le petit trou au fond du Jeu, vis-à-vis de la grille; on ne peut voir l'ais, la galerie le cache; on ne voit ici de la galerie que les deux premiers, les deux portes; les deux seconds, les derniers & les joues d'en-bas n'ont pu y être exprimés : les raies en long & celles des chasses sont marquées en perspective sur le plancher; deux Joueurs se renvoient la balle.

TROISIEME VIGNETTE.

IV. PLANCHE.

CETTE Vignette représente trois Ouvriers, dont deux travaillent à la Raquette, le troisieme à la Balle : le premier à gauche est assis vis-à-vis du billot, armé de sa poitriniere de liége & de sa plane; il plane sa raquette : celui du milieu, assis sur le banc à percer, muni de la poitriniere de buis, dans le creux de laquelle ayant posé le bout de son vilbrequin armé d'une méche, & tenant sa raquette de la main gauche, il l'appuie contre les deux broches de fer garnies de peau, pour y percer les trous, dans lesquels doit passer la corde à boyau quand on corde la raquette : le troisieme tenant une balle de la main gauche, s'occupe à la ficeler, le moule à balles arrêté sur un établi, le bilboquet à sa main droite; il tourne & retourne sa balle à chaque tour qu'il fait : on voit aussi le four *A*, à colorer, & des Raquettes suspendues dedans.

PLANCHE I.

CETTE Planche contient le plan des deux sortes de Jeux de Paume; le Jeu Quarré & le Jeu à Dedans : & comme ils se ressemblent à quelques différences près, les lettres qui désignent les parties du Quarré, ne sont pas répétées au plan du Jeu à Dedans, étant les mêmes; on n'a cotté sur le plan du Jeu à Dedans que les endroits où il differe du Quarré.

Elle contient encore le dessein de la Manivelle avec laquelle on sert le volant.

Le Quarré.

a a a a, Les joues d'en-haut faisant partie des gros murs.

b b b, &c. Les poteaux d'en-haut, ou grands poteaux qui soutiennent la couverture du Bâtiment assis sur les gros murs des côtés.

CCC, La galerie intérieure.

R, La porte d'entrée par le milieu de la galerie.

d d, Les joues d'en-bas aux deux bouts de la galerie.

1. 2. 3. 4. 5. 6. 7. Les poteaux de la galerie; 4. est celui de la corde.

f, La corde.

Les Ouverts; sçavoir, *x x*, le dernier & sa raie; *yy*, le second & sa raie; *ZZ*, la porte & sa raie; *VV*, le premier & sa raie.

* Le bout du Jeu qu'on nomme *devers le Jeu.*

✠ Le bout du Jeu qu'on nomme *le fond du Jeu.*

h, Le toît de la grille : *i*, la grille.

l, Le petit trou : *m*, l'ais.

n n n, *&c.* Les auges, autrement les galeries d'en-haut en-dehors.

q q q, *&c.* Les poteaux de ces galeries où s'attachent les rideaux & les grands filets.

s, La crédence pour les rafraîchissements.

t, Le conduit par lequel l'urine coule dehors.

Les raies & demi-raies cottées depuis deux jusqu'à quatorze, se tirent de deux en deux rangées de carreaux au *fond du Jeu*; on en place aussi une entre la raie du dernier & celle du second : quelques-uns en mettent encore une ou deux *devers le Jeu*, en-deçà de la raie du dernier, le tout pour juger plus aisément où tombent les chasses.

Les différences du Jeu à Dedans.

Il est de cinq pieds plus long que le précédent; ces cinq pieds sont occupés par une galerie avec son toît que l'on nomme *les Dedans*, *ABD* : *A*, le petit Dedans : *D*, le grand Dedans.

Il n'y a ni petit trou, ni ais.

E, Le tambour.

AA, *La Manivelle pour servir le Volant.*

I, *I*, Le pied.

II, *II*, Les montants.

III, La corde tordue.

IV. La cuillere.

V, La bascule.

VI, La traverse d'en-haut, au milieu de laquelle est le morceau de liége.

PLANCHE II.

A, Le chevalet à planer l'échalas; il ressemble beaucoup à celui des Tonneliers.

B, La chaudiere de cuivre de cinq pieds de long, dans laquelle on fait bouillir les échalas : *b*, la pierre qu'on met par-dessus ces échalas, de peur qu'ils ne surnagent.

C, Le moule à raquette pour ployer l'échalas tout chaud en sortant de la chaudiere.

D, La poitriniere de liége avec sa ceinture.

E, Le banc à dresser, espece de tréteau garni de bouts de fer, du marteau & crampons; il sert à donner la forme à la raquette encore chaude.

F, Le chevalet à étançon ; espece de chevalet destiné à travailler l'étançon avec la plane & la rape pour lui donner sa forme.

G, Le billot, espece d'établi bas, épais, arrêté solidement au plancher, garni de crochets, crampons, & d'enfoncements dans le bois ; c'est sur ce billot, à l'aide de chevilles de bois *g*, que l'Ouvrier plane l'échalas refroidi, & donne à toute la raquette le niveau qu'elle doit avoir sur elle-même.

H, La poitriniere de buis avec sa ceinture.

I, L'enclume & ciseau, billot rond sur lequel est debout une broche de fer, & à côté une courte lame de fer *i* : la premiere sert à courber les clous de l'étançon ; la seconde, à en couper le bout quand ils sont trop longs.

K, La presse à raquette destinée à en resserrer les jambes.

L, Le banc à percer destiné à percer tous les trous de la tête de la raquette avec le vilbrequin, une mêche au bout, & la poitriniere de buis.

PLANCHE III.

A, La Raquette dans sa perfection, bridée d'un fil de fer pour la maintenir dans sa forme, en attendant qu'on s'en serve.

B, Le battoir.

C, Le demi-battoir.

Les lignes ponctuées qu'on voit sur leurs têtes n'y sont que pour indiquer les trois piéces dont elles sont composées ; car étant nervés & recouverts de parchemin, ces instruments paroissent d'une seule piéce.

D, Le triquet.

E, Le demi-triquet.

F, Un chausson vû par la semelle, sur laquelle on apperçoit trois grosses coutures pour empêcher de glisser.

O, L'étançon prêt à être mis en place.

G, Le vilbrequin armé de l'*égravoir*, dont l'effet est de fraiser l'endroit où doit être perdue la tête des clous qui percent l'étançon & le manche.

H, Le vilbrequin avec sa mêche pour percer d'outre en outre la place des clous qui joignent le manche à l'étançon : il sert aussi avec d'autres mêches à percer les trous pour corder la raquette.

I, *i*, Les cabillets : ce sont deux lames ou régles courtes, l'une de fer, l'autre de bois, qu'on place l'une au-dessus de l'autre, pour roidir contre les jambes de la raquette, de peur qu'elles ne rentrent. I, est le cabillet de fer ; *i*, celui de bois : on les voit en place, *Pl. IV. fig.* 1.

L, La chevrette, espece de crochet de fer évasé par un bout : elle a onze pouces de long ; le bout évasé sert pour embrasser le collet de la raquette, le crochet de l'autre bout dépasse la raquette de quelques pouces ; dans cet intervalle on chasse à coups de marteau les deux coins *M*, *m*, qui forçant contre le

haut

haut de la tête de la raquette, la contraignent à s'applatir : on voit le tout en place, *Pl. IV. fig.* 2.

N,N,N, Les 3 compas avec lesquels on pointe autour de la tête de la raquette la place des trous qu'on doit y faire ensuite pour passer la corde à boyau.

P, Le gratoi r on en a plusieurs : ce sont des morceaux de lames d'épée emmanchés par les deux bouts, destinés à commencer de polir la raquette.

Q, Gouge, espece de tranchet courbe & court, dont on se sert pour enlever du bois à l'étançon de chaque côté quand il est en place, pour le nerver ensuite & coller le parchemin : on se sert d'une gouge ordinaire pour faire les raînures d'un trou à l'autre.

R, *r*, Poinçons. *R*, Poinçon double pour arranger les mailles de la raquette cordée. *r*, Poinçon rond & poli destiné à adoucir les trous avant de corder.

S, Le billard : on en a plusieurs : c'est une tringle de fer à vis & écrou, qu'on fait entrer avec force dans la tête de la raquette cordée pour la maintenir dans sa longueur : on en voit deux en place, *Pl. IV. fig.* 5.

T, Bride de fer dans laquelle on enfile la raquette jusqu'à la moitié de sa tête pour maintenir les jambes : on en voit une en place, *Pl. IV. fig.* 2.

V, Figure du Volant.

x, La boëte à balles qu'on enfonce, quand on veut s'en servir, dans quelque corps solide, comme un établi, un banc, &c. on la voit en place sur le banc à percer *L*, *Pl. II.* On roule autour une partie de la ficelle à balles, & on frappe la balle sur le creux rond qui est à sa tête, avec une petite masse pour l'arrondir.

y, Le bilboquet autour duquel est roulée une autre partie de la ficelle à balles.

PLANCHE IV.

Fig. 1. L'échalas plié tout chaud sur le moule à raquette & ficelé au collet, *c* : la tête, *a* : les jambes, *b b* : les deux bouts qui feront le manche, *d d* : *e*, le cabillet de fer en place : *f*, le cabillet de bois au-dessus.

Fig. 2. La raquette avec son étançon, dessinée dans la tournure qu'elle doit avoir : elle est resserrée par la bride de fil de fer *g g*, & la tête est applatie par le moyen de la chevrette *h h*, & des coins *i i*.

Fig. 3. La raquette cordée de ses dix-huit montants.

Fig. 4. La raquette tournée de façon à voir le côté extérieur, avec la disposition des trous formant deux rangées *m*, & le côté intérieur qui n'a qu'une rangée de trous *n* : on voit aussi la tête du clou du collet *p*, & les queues rivées des deux autres clous *q q*.

Fig. 5. Une raquette entiérement cordée, maintenue par deux billards *RR*, qui roidissent contre la tête.

PLANCHE V.

Fig. A, eſt une Raquette cordée entiérement de 18 montants & 33 travers, ſon étançon nervé & recouvert de parchemin; les deux tiers de ſon manche recouverts d'une bande *VV*, de peau de mouton blanche.

Fig. BB, c'eſt une eſpece de ruban qu'on a imaginé pour faire voir tous les trous extérieurs percés ſur les côtés larges de la tête d'une raquette, tant gros que petits; les gros deſtinés à paſſer les montants, les petits à paſſer les travers: on voit les deux traits de truſſequin qui ont guidé la perce des trous, les coups de gouge qui vont d'un gros trou à l'autre ſur le haut de la tête de la raquette, & leur arrangement.

Fig. CC, la répétition des deux côtés du ruban *BB*, comme ils paroiſſent quand la raquette eſt cordée, les petites portions de corde qu'on place en bas ſous les montants dans leur traverſée d'un trou à l'autre: on n'a pas répété le tour du deſſus de la tête, parce que la corde des montants y eſt noyée dans les raînures.

Fig. D, la liſſette, petit inſtrument plat, d'os, qui ſert à faire prendre le nerf ſur la colle à l'étançon, en le paſſant & appuyant deſſus afin de l'unir, comme auſſi ſur le parchemin lorſqu'on le colle ſur le nerf.

I, Diſpoſition des mailles de la raquette, vûes du côté du droit, c'eſt-à-dire, les nœuds en-deſſous.

II, Diſpoſition des mailles vûes du côté des nœuds; c'eſt ainſi qu'on s'exprime, quoique ces prétendus nœuds ne ſoient qu'un tour du travers autour du montant.

III, Le nœud du doublement développé; *o*, indique le lieu du trou dans le bois de la tête par lequel paſſe un montant, à côté duquel entrera, par le même trou, la portion de corde *à travers* qui fera le doublement. La raquette étant tournée du côté des nœuds, on fait entrer la corde dans la maille *i*, revenir par la maille *l*, rentrer dans la maille *k*, revenir par la maille *i*; alors on tire à ſoi, & il ſe forme un nœud en *h*; on continue en *b*, en *c*, & on fait ainſi cinq ou ſix nœuds, puis on coupe la corde.

a, Eſt une balle commencée à ficeler de trois tours de ficelle, & puis un nœud.

b, Continuation du ficelage, ſept tours, un ſecond nœud.

c, Le ficelage terminé par ſix tours & le dernier nœud, ce qui fait en tout ſeize tours de ficelle.

d, La balle recouverte de drap blanc & couſue: *e e*, petites pieces de drap taillées en ovale, deſtinées à remplir les intervalles *mmmm*, que laiſſent les bandes de drap; il en faut quatre.

Fin de l'Art du Paumier-Raquetier.

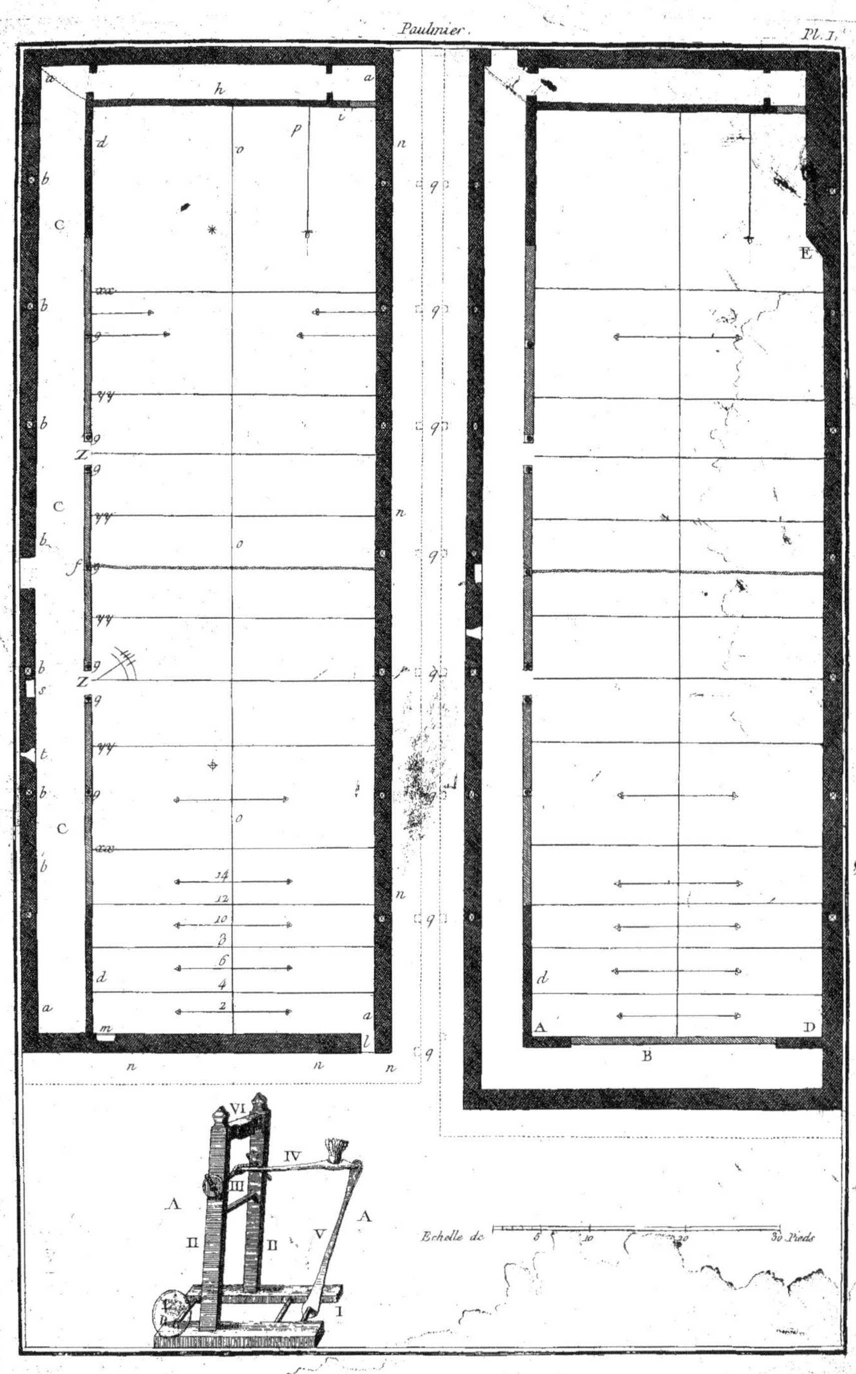
Echelle de 5 10 20 30 Pieds

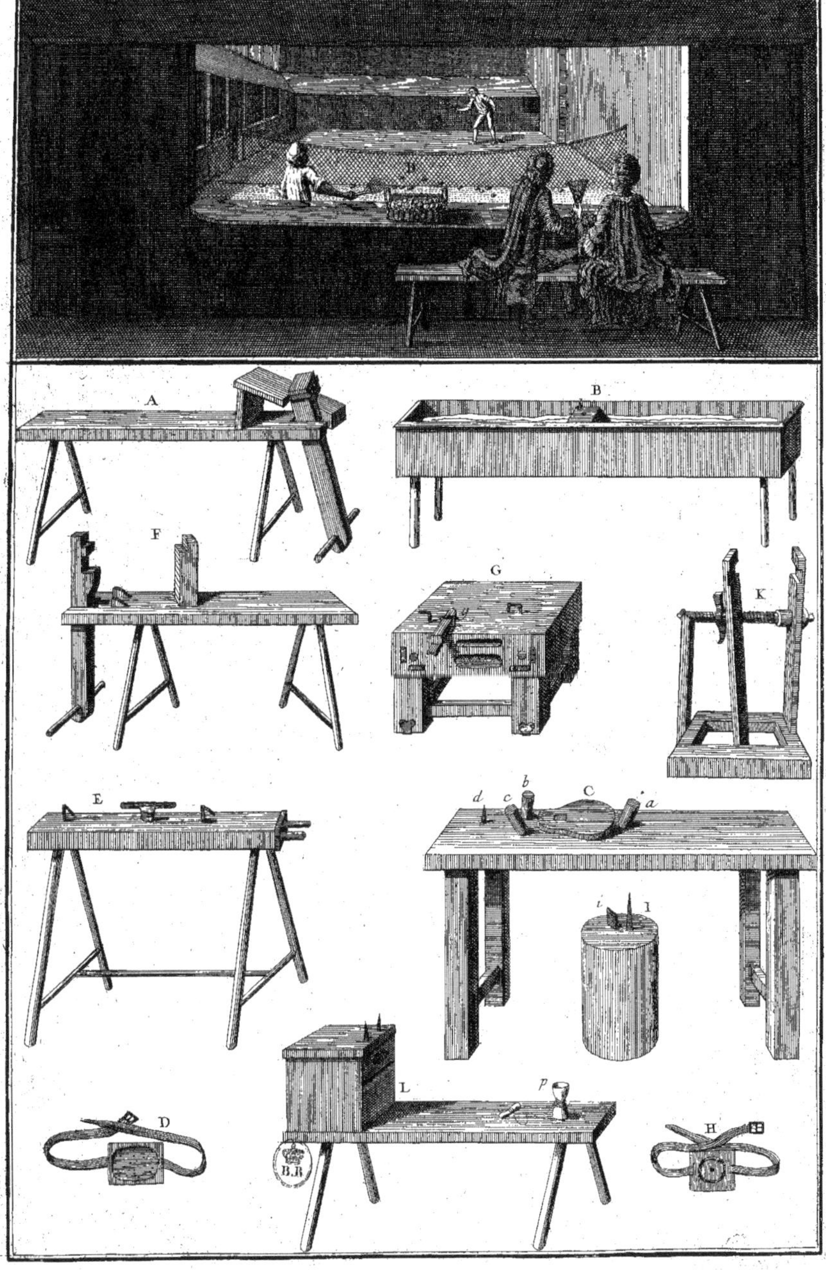
A
B
F
G
g
K
E
d
c
b
C
a
i
I
L
p
D
H

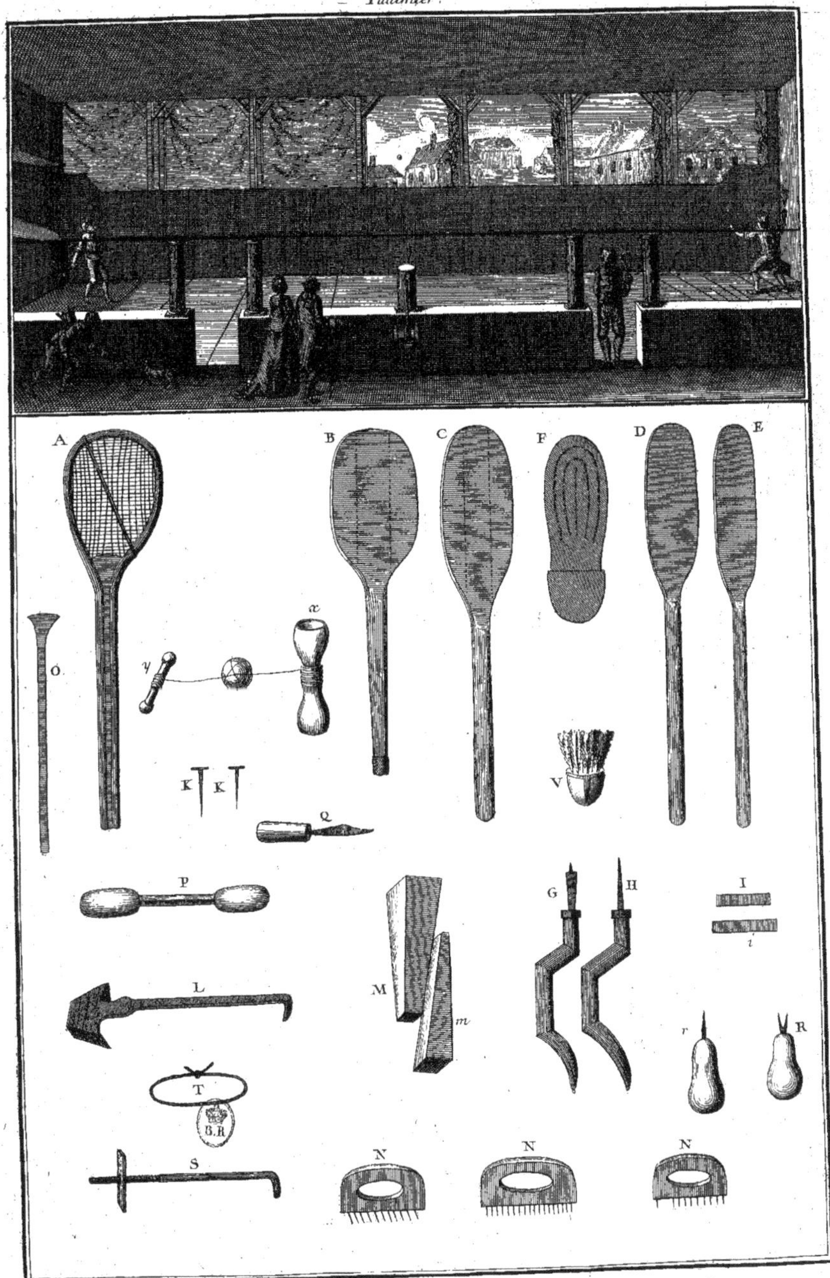
A
B
C
F
D
E
O.
y
x
K
K
Q
V
P
M
m
G
H
I
i
L
r
R
T
B.R
S
N
N
N

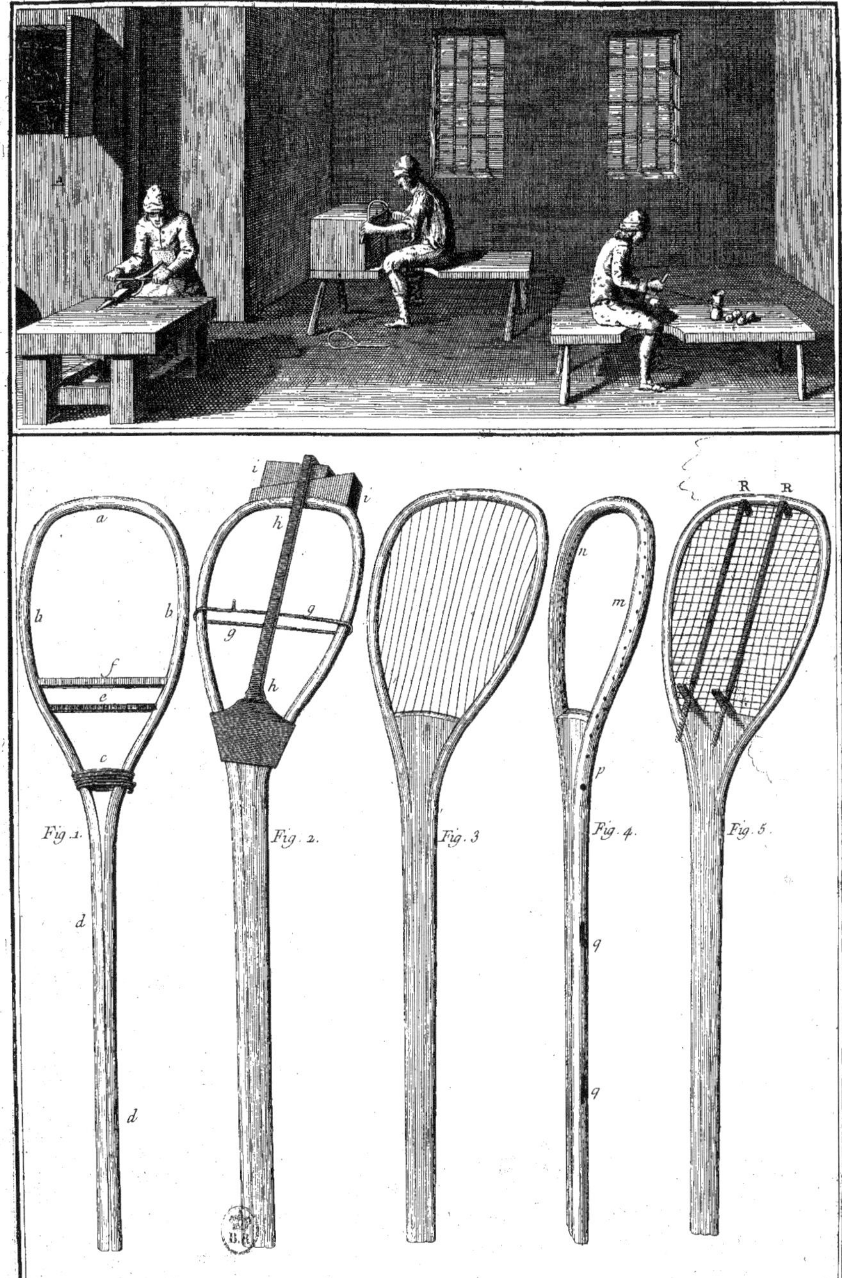
A
a
b
b
f
e
c
d
d
Fig. 1.
i
i
h
h
g
g
Fig. 2.
Fig. 3
n
m
p
q
q
Fig. 4.
R
R
Fig. 5.

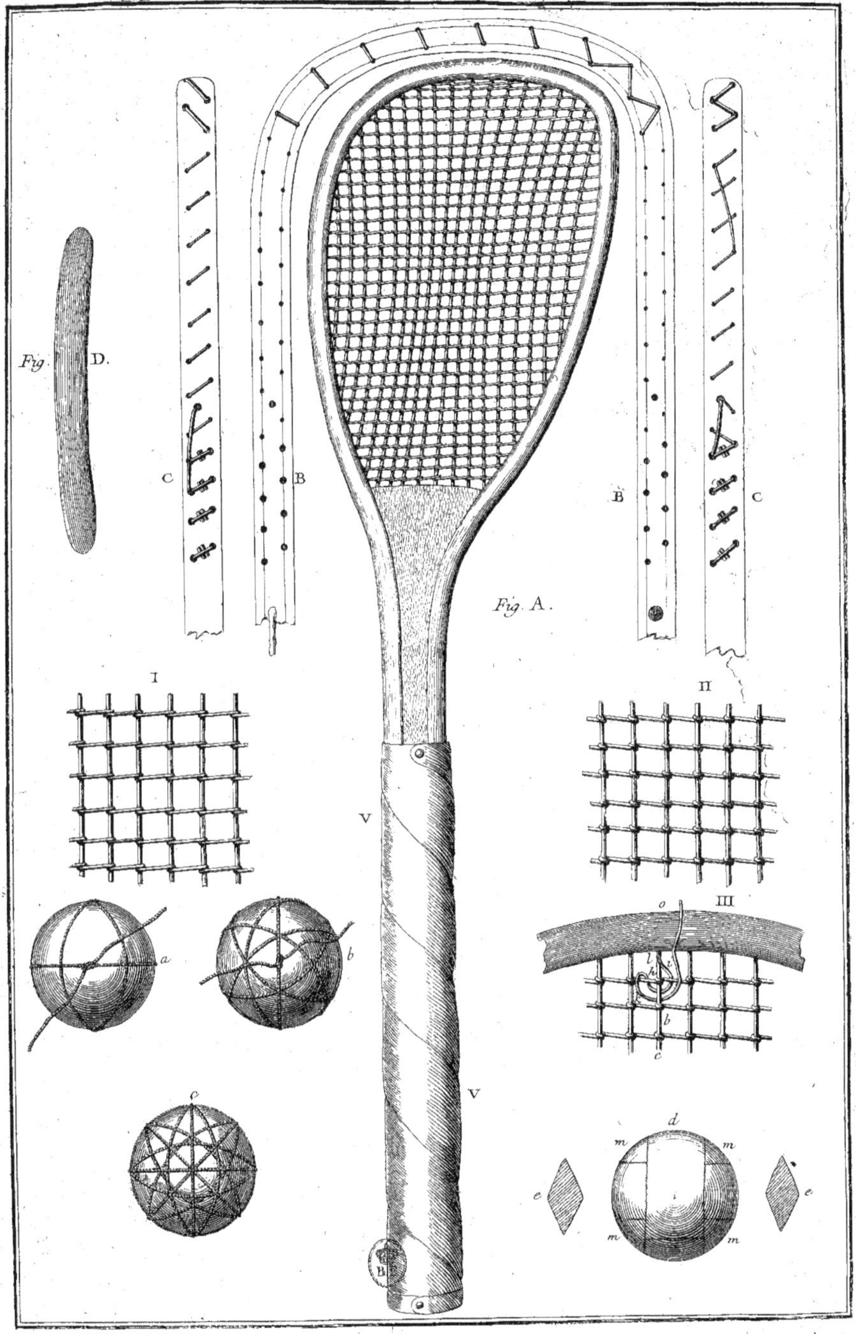

Fig. D.

C B

B C

Fig. A.

I

II

V

a b

III

o l h i b c

V

c

d m m e e m m

www.ingramcontent.com/pod-product-compliance
Ingram Content Group UK Ltd.
Pitfield, Milton Keynes, MK11 3LW, UK
UKHW021937200726
13855UKWH00007B/1326

9 782013 058049